Incunaboli

collana diretta da Marco Palma

11

Lucia Merolla Marco Palma

Incunaboli a Camaldoli

con la collaborazione di
Claudio Ubaldo Cortoni e Giulia Siemoni

viella

Prima edizione: dicembre 2024
ISBN 979-12-5469-732-0

Questo volume è stato realizzato con il contributo della Congregazione Camaldolese dell'Ordine di San Benedetto.
Siamo grati ai monaci e al personale di Camaldoli per l'ospitalità e la disponibilità a facilitare il nostro lavoro.
Si ringraziano Carlo Vannini e Valter Segnan per la riproduzione fotografica degli esemplari.

viella
libreria editrice
via delle Alpi, 32
I-00198 ROMA
tel. 06 84 17 75 8
fax 06 85 35 39 60
www.viella.it

Indice

Premessa

Nell'ambito del progetto di catalogazione degli incunaboli, tra quelli conservati in biblioteche o archivi di piccole e medie dimensioni non si poteva non prendere in esame la biblioteca del Sacro Eremo di Camaldoli.

Intitolata ad Ambrogio Traversari, la biblioteca conserva un patrimonio librario di circa quindicimila volumi, tra testi manoscritti e a stampa, relativi soprattutto, ma non solo, alla storia della Congregazione camaldolese.

Così come accaduto ad altre biblioteche monastiche, le tre soppressioni (la granducale nel 1795, la napoleonica nel 1810 e, ultima, quella dello Stato italiano nel 1866) causarono lo smembramento del patrimonio librario della biblioteca dell'Eremo. Gran parte, quindi, dei suoi volumi più antichi e preziosi si trovano ora in svariate strutture pubbliche come, ad esempio, la Biblioteca comunale Rilli-Vettori di Poppi, che ne custodisce un numero considerevole, e la Biblioteca città di Arezzo. L'antica biblioteca comunque è stata ricostituita nel tempo grazie al confluire delle collezioni personali di monaci e studiosi, di librerie di altri monasteri soppressi - come San Michele di Murano - e con lasciti, acquisti e donazioni. Tra questi ricordiamo il fondo librario del conte Girolamo Mancini, oggi Bardi-Boccaccini, costituito da una raccolta di circa tremila volumi antichi e moderni.

Gli incunaboli oggi conservati all'Eremo, anche se in numero molto ridotto, costituiscono certamente un'importante testimonianza dell'illustre passato della Congregazione di Camaldoli, che nel 2012 ha celebrato i mille anni dalla sua fondazione. Interessante è soprattutto la presenza sugli esemplari delle antiche collocazioni e delle note di possesso che sono state rilevate e studiate non come un momento di rottura ma di continuità nel passaggio avvenuto alla fine del XV secolo tra produzione manoscritta e a stampa.[1]

Il catalogo che viene qui presentato segue pertanto, come i precedenti della collana *Incunaboli*, i criteri descrittivi che si applicano al manoscritto: ne consegue che si è posta particolare attenzione, oltre che all'edizione e al contenuto, anche alla descrizione esterna dell'esemplare, considerando in particolare note marginali, correzioni manoscritte del testo ad opera di chi ha posseduto e/o studiato il volume, *ex libris*, decorazione, lacune, eventuali restauri e ogni altro particolare relativo alla produzione e circolazione dell'esemplare.

1. Scapecchi, *Camaldoli*, 13-14.

Ci auguriamo che questo catalogo costituisca un'occasione in più per far conoscere e valorizzare, anche agli occhi di un pubblico di lettori non addetti ai lavori in senso stretto, gli incunaboli attualmente conservati nella biblioteca del Sacro Eremo.

Lucia Merolla, Marco Palma

Lettori e libri a Camaldoli. Storia di una biblioteca diffusa (Claudio Ubaldo Cortoni)

Nel 1520 – presso il monastero di Camaldoli per i tipi di Bartolomeo Zanetti[1] – Paolo Giustinian stampa un volume contenente la regola di san Benedetto assieme alle regole eremitiche, tra le quali la *Regula eremitice vite a beatissimo Romualdo eremita ... Camaldulensibus eremitis circa annum Domini 1015 tradita*, volgarizzata, e stampata autonomamente, nel 1575 da Silvano Razzi.[2] Al capitolo nono – intitolato *Del conservare interamente il voto della Povertà* – viene introdotta una norma sull'uso di trattenere in cella eremitica un certo numero di libri, i quali devono essere comunque messi a disposizione della comunità:[3]

> I libri, l'uso de' quali è stato sempre, et debbe esser comune, se gl'accommodino l'un l'altro, secondo che sa bisogno: et ciascuno ponga l'Indice de' libri, che ha in Cella, nella comune libreria, ò veramente appresso il Maggiore: accioché sempre sia facile à tutti vedere in qual Cella, et appresso qual de fratelli, sia qual libro vuole.

Al suo arrivo a Camaldoli, nel 1510, il Giustinian poteva contare, oltre che sulla libreria posta sopra la sacrestia dell'Eremo, e sulla *bibliothecula* della cella, anche su quella personale dell'allora priore generale Pietro Dolfin, divisa tra il monastero di Fontebuono e la Mausolea, tanto da far pensare all'esistenza a Camaldoli di una biblioteca diffusa.[4] Nella maggior parte dei casi il riordino della vita regolare promosso dal Giustinian – nelle vesti di Maggiore del Sacro Eremo

1. Per la storia della tipografia di Fontebuono (Camaldoli) cfr. Lugano, *Bartolomeo de Zanettis*, 177-183, 210-227, 285-294, 338-344; Lugano, *Tipografia di Camaldoli*, 321-336; Ciampelli, *Archicenobio di Camaldoli*, 8; Migliardi, *Camaldoli e la sua tipografia*, 7-18; Fossa, *Sacro Eremo di Camaldoli*, 160-163.

2. Sulle circostanze che indussero Paolo Giustinian a ideare un percorso spirituale che accostasse la regola benedettina alle regole eremitiche, a dimostrazione di come la vita eremitica possa essere considerata perfezione della prima, cfr. Tabacchi, *Giustinian*, 281-286.

3. *Regola della vita eremitica*, 45. Cfr. *In hoc volumine continentur. Proemialis epistola*, cc. 53v-54r.

4. Lo stesso Paolo Giustinian nel 1512, dopo aver emesso la propria professione monastica, decise di riversare i propri libri – arrivati da Venezia nel maggio 1511, sei mesi dopo la sua vestizione – nella «comune libreria» di Camaldoli. Questi recavano nella maggior parte dei casi la nota di possesso *Thomae Iustiniani et amicorum*, coerente con l'idea che avevano all'epoca gli umanisti di biblioteca personale aperta ad una rete di studiosi. Per i libri personali di Paolo Giustinian cfr. Scapecchi, *Giustinian*, 168-178. Per la storia delle collezioni librarie di umanisti cfr. Canone, *Biblioteche private*, XII-XIII; Gargan, *Gli umanisti e la biblioteca pubblica*, 401-426; Broletti, *The Representation of the Library*, 39-46.

(1514-1520) – con la stampa delle *Regulae* del 1520 appare come il tentativo riuscito di raccogliere e uniformare in un unico testo le consuetudini osservate dalla comunità monastica di Camaldoli, in alcuni casi già presenti nelle più antiche costituzioni,[5] come il possesso privato del libro, disciplinato nei *Libri tres de moribus* di Martino III, priore di Camaldoli, redatti nel 1253:[6]

> Quicumque vero libros de seculo attulerit, vel in monasterio fecerit, usum eorum habeat in vita sua et in fine ad monasterium, ubi suscepit habitum, vel in quo librum vel libros fecit, revertantur, et hoc ipsum in libro eodem scribatur.

La consuetudine invalsa soprattutto nei cenobi camaldolesi è da imputare all'organizzazione degli studi di cui si trova traccia anche nel *Liber IV de moribus*, che raccoglie la legislazione emanata dal capitolo di Soci, del 23 ottobre 1279, celebrato sotto il priore Gerardo, che contiene le norme sull'istruzione, l'acquisto dei libri e l'accesso alle scuole pubbliche. Al cap. 8 viene normato l'uso della somma di denaro concessa dai superiori della comunità monastica per l'acquisto di vestiario e libri:[7]

> Qui prædictos denarios solummodo pro vestimentis, calciamentis vel libris dabit, sed non sine prælati sui licentia speciali.

Il possesso del libro è vincolato allo studio – come nei *Libri tres de moribus* di Martino III che tra i doveri del maestro inserisce quello di vigilare su come i novizi custodiscono i libri a loro assegnati [8] – così come al cap. 12 l'ammissione al noviziato è vincolata allo stato di buona salute del candidato e alla sua buona conoscenza delle lettere:[9]

> Ordinamus et statuimus, quod quilibet praelatus nostri ordinis novitios ad ordinem nostrum recipere possit et debeat, dummodo personæ sufficientes et aptæ sint rationis literalis scientiæ, ac etiam sanitatis, ita quod infirmitatem non patiantur occultam, vel publicam nimis et deformem.

5. Per l'impatto che ebbe la legislazione medievale camaldolese sulla formazione dei monaci più giovani e l'acquisizione di materiale librario a tale scopo cfr. Licciardello, *Ordo Camaldulensis*, 99-195.

6. Martino III, *Libri tres de moribus*, (III, XXIII), 272-275; *Annales Cam.*, VI, *Appendix*, col. 59.

7. *Constitutiones Camaldulenses anni M.CC.LXXIX seu Liber IV de moribus*, in *Annales Cam.*, VI, *Appendix*, col. 246. Al cap. 31 si insiste sul fatto che la somma di denaro accordata ai monaci o ai conversi venga impiegata nell'acquisto di libri, fino ad un numero di cinque: «Ut peculiaritatis vitium radicitus valeat amputari, ordinamus, et firmiter definiendo sancimus, quod monachi et conversi habentes pecuniam, ipsam expendere debeant in libris vel vestimentis, usque ad festum Omnium Sanctorum proxime venturum, de consilio et conscientia suorum prælatorum, retentis sibi, si necesse fuerit, de prædicta pecunia libris quinque secundum voluntatem et dispositionem suorum prælatorum, cum opportunum fuerit, expendendis», cfr. *Constitutiones Camaldulenses anni M.CC. LXXIX. seu Liber IV. de moribus*, in *Annales Cam.*, VI, *Appendix*, col. 252.

8. «Patienter autem respondentem prelatus per se vel per alios, qui apti sunt ad lucrandas animas, diligenter examinet de moribus et scientia», cfr. Martino III, *Libri tres de moribus*, (I, XVII), 140-141; *Annales Cam.*, VI, *Appendix*, col. 11.

9. *Constitutiones Camaldulenses anni M.CC.LXXIX. seu Liber IV. de moribus*, in *Annales Cam.*, VI, *Appendix*, col. 247.

Come un argine alla prolungata assenza dal chiostro di quanti si recavano negli studi universitari per la formazione intellettuale e teologica, al cap. 13 del *Liber IV de moribus* è stata inserita una norma restrittiva, che avrebbe dovuto concedere con maggiore cautela l'allontanamento dei giovani professi dai monasteri per ragioni di studio, qualsiasi fosse stata la disciplina, fatta eccezione per la teologia e il diritto:[10]

> Statuimus nihilominus præcipiendo mandantes, quod nullus prælatus vel subditus nostri ordinis aliquam artem vel scientiam extra ordinem vel scholaribus personis docere debeat vel præsumat; qui vero contrafecerit docendo, si non destiterit, infra xv. dies a publicatione constitutionis huiusmodi, excommunicationis sententia ex nunc prout ex tunc præsentibus innodamus. Illud inquam districtius inhibentes, ne aliquis nostri ordinis prælatus vel monachus extra monasterium exeat causa addiscendi aliquam artem vel scientiam. Volumus tamen Decretalium et Theologiæ scientiam iis non intelligatur includi. Ad quas addiscendas de licentia domini prioris Camaldulensis poterunt se transferre. Prælatis autem huiusmodi licentiam prohibemus concedi, nisi ad minus duo monachi in suis monasteriis remanerent.

Il problema venne nuovamente affrontato al capitolo generale di S. Maria di Poppiena, celebrato nel giugno 1308 sotto il priore Accursio da Castiglion Fiorentino, durante il quale viene decisa l'istituzione di una scuola interna dove formare i giovani monaci nelle arti liberali, addebitando le spese per l'acquisto dei libri a tutte le case dell'ordine:[11]

> Item, quod sex scholares monachi ordinis tribus annis proxime sequentibus studeant in grammatica, et duobus sequentibus in dialectica, sex aliis in grammatica substitutis, et sic semper fiat. De loco provideatur a priore Camaldulensi et de libris et expensis ab ordine universo.

Nel successivo capitolo di Poppiena del 1315 – celebrato in seguito alla morte di Accursio, e durante il quale fu eletto priore Bonaventura da Fano – vennero ratificate tutte le decisioni prese durante il capitolo del 1308, tra cui l'impegno dell'ordine a sostenere economicamente quanti venivano individuati come idonei agli studi:[12]

> Item possit ad expensas communes ordinis, quos idoneos decreverit, de nostri ordinis monachis ad liberalium artium et Theologiæ studia ordinare.

10. *Constitutiones Camaldulenses anni M.CC.LXXIX. seu Liber IV. de moribus*, in *Annales Cam.*, VI, *Appendix*, col. 248. Tra gli impedimenti per accedere ad un ufficio elencati al cap. 16, oltre l'essere figlio illegittimo, il non aver compiuto il venticinquesimo anno di età, e il non aver vissuto per almeno cinque anni in una comunità camaldolese, viene incluso l'analfabetismo: «Statuimus, quod nullus notabiliter illiteratus, et qui non sit de legitimo matrimonio natus, aut nisi attigerit vigesimum-quintum annum, et qui non steterit in Camaldulensi ordine quinque annis, præficiatur ad officium prælaturæ», cfr. *Constitutiones Camaldulenses anni M.CC.LXXIX. seu Liber IV. de moribus*, in *Annales Cam.*, VI, *Appendix*, col. 249.

11. *Constitutiones Poplenenses anni M.CCC.VIII*, in *Annales Cam.*, VI, *Appendix*, col. 261.

12. *Constitutiones aliae Poplenenses anni M.CCC.XV*, in *Annales Cam.*, VI, *Appendix*, col. 263.

Bonaventura da Fano al capitolo generale del 1317, tenuto presso il monastero di S. Maria della Vangadizza, ribadì che si sarebbe dovuto provvedere alla formazione dei giovani monaci nei cenobi stessi della congregazione:[13]

Decimo tertio de non docendo vel eundo ad scholas extra ordinem.

Tra il 1317 e il 1318 Bonaventura da Fano richiese a tutte le case camaldolesi, compresi i monasteri femminili o doppi (monaci-monache come S. Maglorio di Faenza), di inviare un inventario dei beni immobili e mobili, tra cui figurano i libri posseduti da ciascuna casa, il che fa pensare all'attivazione di scuole al loro interno o a un appoggio per coloro che frequentavano studi universitari pubblici.[14] La necessità di poter formare i monaci più giovani entro le mura di Camaldoli viene affrontata al capitolo generale del 1343, radunato presso il monastero di S. Giovanni Evangelista di San Sepolcro, durante il quale viene deliberata l'apertura di una scuola a Fontebuono.[15] Le disposizioni del 1343 produssero quanto auspicato, come si evince dalle costituzioni di Giovanni Abbarbagliati approvate dal capitolo generale del 1351 – tenuto nel monastero dei Santi Giusto e Clemente a Volterra, che al cap. 8 – intitolato *De tenendo*

13. *Constitutiones Vangaticienses anni M.CCC.XVII*, in *Annales Cam.*, VI, *Appendix*, col. 268.

14. Inventario di beni di S. Maria degli Angeli di Firenze, 16 aprile 1317, ASC, Diplomatico, Camaldoli, 525; Inventario di beni di S. Antonio di Todi, 24 aprile 1317, ASC, Diplomatico, Camaldoli, 527; Inventario di beni di S. Maria di Sitria, 29 aprile 1317, ASC, Diplomatico, Camaldoli, 528; Inventario di beni di S. Giorgio *in Apibus*, 30 aprile 1317, ASC, Diplomatico, Camaldoli, 531; Inventario di beni di S. Salvatore di Cantignano, 1° maggio 1317, ASC, Diplomatico, Camaldoli, 532; Inventario di beni di S. Pietro di Mucchio, 5 maggio 1317, ASC, Diplomatico, Camaldoli, 534; Inventario di beni di S. Maria di Querceto, 5 maggio 1317, ASC, Diplomatico, Camaldoli, 535; Inventario di beni di S. Pietro di Cerreto, 5 maggio 1317, ASC, Diplomatico, Camaldoli, 536; Inventario di beni dell'eremo delle Mandriole, 7 maggio 1317, ASC, Diplomatico, Camaldoli, 539; Inventario di beni di S. Cristina di Treviso, 13 maggio 1317, ASC, Diplomatico, Camaldoli, 542; Inventario di beni di S. Maglorio di Faenza, 14 maggio 1317, ASC, Diplomatico, Camaldoli, 543; Inventario di beni di S. Cristina di Forlì, 14 maggio 1317, ASC, Diplomatico, Camaldoli, 544; Inventario di beni di S. Eustachio di Imola, 16 maggio 1317, ASC, Diplomatico, Camaldoli, 545; Inventario di beni di S. Mattia di Murano, 16 maggio 1317, ASC, Diplomatico, Camaldoli, 546; Inventario di beni di S. Maria a Elmi, 18 maggio 1317, ASC, Diplomatico, Camaldoli, 547; Inventario di beni di S. Maria a T[u]oma, 19 maggio 1317, ASC, Diplomatico, Camaldoli, 548; Inventario di beni di S. Maria in Betlem di Bologna, 20 maggio 1317, ASC, Diplomatico, Camaldoli, 549; Inventario di beni di S. Martino di Oderzo, 21 maggio 1317, ASC, Diplomatico, Camaldoli, 550; Inventario di beni di S. Salvatore a Selvamonda, 21 maggio 1317, ASC, Diplomatico, Camaldoli, 551; Inventario di beni di S. Lucia di Ancona, 21 maggio 1317, ASC, Diplomatico, Camaldoli, 552; Inventario di beni della Santissima Trinità di Monte Ercole, 23 maggio 1317, ASC, Diplomatico, Camaldoli, 553; Inventario di beni di S. Martino di Prata, 23 maggio 1317, ASC, Diplomatico, Camaldoli, 554; Inventario dei beni di S. Zeno di Pisa, 4 maggio 1318, ASC, Diplomatico, Camaldoli, 562; Inventario di beni di S. Salvatore di Forlì, 20 giugno 1318, ASC, Diplomatico, Camaldoli, 568; Inventario dei beni di S. Apollinare in Classe, ASF, Diplomatico, 1317 maggio 15, Camaldoli, S. Salvatore (eremo). Sulla questione della formazione dei monaci durante l'inurbamento del monachesimo camaldolese cfr. Caby, *De l'érémitisme rural au monachisme urbain*, 267-277.

15. Per l'apertura della scuola a Fontebuono cfr. Magheri Cataluccio - Fossa, *Biblioteca e cultura a Camaldoli*, 60-116; Caby, *De l'érémitisme rural au monachisme urbain*, 277-284.

monacho idoneo ad docendum in monasterio Fontisboni – si riferiscono esplicitamente alla scuola istituita presso il monastero di Fontebuono:[16]

> Cui quidem monacho annuatim in VI. Floren. auri de communi ordinis marsupio debeat provideri, sitque licitum cuique nostri ordinis comprælato suos monachos ignorantes ac novitios monachandos mittere ad præfatum monasterium Fontis-boni fideliter instruendos a monacho prælibato dummodo ad rationem solidorum quadraginta in mense pro quolibet domui Camaldulensi pro sumptibus vitæ tantum discretione prævia recompenset.

Lo stesso priore Giovanni Abbarbagliati era in possesso di una sua biblioteca personale, come appare dall'inventario steso dopo la sua morte nel 1387, nel quale vengono contati 44 codici conservati *in camera sui palatii*,[17] probabilmente la parte più antica del complesso di Fontebuono adibita ad abitazione del priore, come appare dagli *Acta ... omnia Camaldule in palatio prioris superius in sala*[18] rogati nel 1302, o dall'*Actum in monasterio Fontisboni de Camaldulo in palatio domini prioris*[19] del 1309. La parte del monastero adibita ad abitazione del priore viene indicata ancora dal cancelliere Leonardo con il termine *palatium* nel dettagliato resoconto dei lavori di ristrutturazione del cenobio, nel 1456, durante il generalato di Mariotto Allegri.[20] A questi anni appartiene il ms. 148, conservato presso la Biblioteca del Sacro Eremo, che reca a c. 110v le indicazioni sul copista Piero di Alamannia e sul converso Ludovico da Prato, al quale è dato in uso nel 1454, con la preghiera che venga riconsegnato alla *comune libreria* del Sacro Eremo una volta venuta meno la sua utilità:[21]

> Questo libro è dell'Ermo di Chamaldoli e quale aviamo chonceduto a fratre Lodovicho dal Prato nostro converso. Ist'è itto per nostro padre dom Piero richiuso anno Domini MCCCCLIIII°; quando detto libro non n'avessi bisongnio fa lo torni qui nell'ermo.

Il problema della formazione intellettuale dei monaci non trovò una risposta definitiva con l'istituzione di scuole interne – neppure a Fontebuono dove la scuola nel Quattrocento era stata rinnovata da Ambrogio Traversari grazie all'impegno di Mariotto Allegri[22] –, tornando al centro delle riforme proposte al capitolo generale celebrato presso il monastero fiorentino di Santa Maria degli Angeli nell'aprile del 1513, di cui si fecero promotori Paolo Giustinian e Pietro Quirini. Il progetto venne recepito dalla bolla *Etsi a summo rerum Conditore* di Leone X,

16. *Incipiunt Constitutiones Domni Iohannis Camaldulensis Eremi Prioris et eius Definitorum in Capitulo Volaterrano Anni M.CCC.LI.*, in *Annales Cam.*, VI, *Appendix*, col. 320.

17. ASF, Camaldoli Appendice, 34, cc. 162v-163r. Cfr. Czortek, *Studiare, predicare, leggere*, 114-115; Caby, *De l'érémitisme rural au monachisme urbain*, 162-163.

18. ASF, Diplomatico, Camaldoli, S. Salvatore (eremo), 1302 gennaio 28.

19. ASF, Diplomatico, Camaldoli, S. Donato e S. Ilarino (ospizio), 1309 aprile 17.

20. «Ex alio vero ad palatium, quod per modum turris eminet; ad quod, ut paulo ante tetigi, per cameram abbatum fiebat ascensus», Lasinio, *Appunti su Fontebuono*, 567.

21. BSE, ms. 148, sec. XV med. (data stimata).

22. Durante il generalato di Mariotto Allegri vennero approvati gli *Statuta circa studia in aliquibus monasteriis stabilienda* [Padova, 24.9.1459], cfr. *Annales Cam.*, VII, *Appendix*, coll. 142-150; Caby, *De l'érémitisme rural au monachisme urbain*, 653; Guerrieri, *Clavis*, 129.

poi stampata come *Reformatio Camaldulensis ordinis* il 29 dicembre 1513 per i tipi di Lucantonio Giunti a Firenze.[23] La *Reformatio* al n. 173 – nella sezione riguardante i cenobi dell'Ordine, *De conversatione et moribus nostri ordinis monachorum*, dal momento che al capitolo del 1513 si giunse ad una nuova unione tra gli eremiti e i cenobiti camaldolesi – stabilisce che, dove le entrate annue superassero la somma di seicento fiorini, si sarebbero dovuti assumere dei precettori per la formazione dei monaci più giovani, per educarli nelle lingue, nella dottrina e nella Sacra Scrittura, il che giustifica il grande sviluppo delle biblioteche dell'Ordine nel XVI secolo:[24]

> Item statuimus, et diffinimus, ut singula nostri ordinis loca, ubi Cenobitica observantia custoditur, cuius fructus summam sexcentorum florenorum transcendant, debeant præceptores conducere, ac tenere, qui iuniores Monachos linguas, et doctrinas, et maxime sanctarum scripturarum disciplinam doceant, si ea loca studentibus acta, et idonea à Diffinitoribus iudicabuntur.

Un ulteriore aspetto che riguardava il possesso personale dei libri e la lettura, in ambiente eremitico, concerneva la possibilità di un confronto tra confratelli su quanto letto nella solitudine della propria cella, una scelta contro l'antica consuetudine osservata a Camaldoli, che proibiva tassativamente ai monaci di incontrarsi nelle celle, o in altro luogo, per parlare. Tale necessità è manifestata da Vincenzo Quirini (in religione Pietro) nel promemoria che stila per Tommaso Giustinian (in religione Paolo) nel giugno del 1510, al momento della sua partenza per Camaldoli:[25]

> Considerate che tempo ci sia per studiare e che tempo per ragionare insieme, e in che luogo; se potrete andarvene passeggiando in quei dintorni; se potrete entrare nella cella dei compagni molte volte alla settimana, almeno con il permesso; e se ci fosse a disposizione un luogo separato, se vi potrete recare lì.

La risposta viene dieci anni dopo con il cap. 24 – *De i studii delle lettere e divote esortazioni* – della *Regola della vita eremitica*:[26]

> Possano ancora in quei giorni, et à quell'hore, che non si serva silenzio i professi Eremiti, ò due, ò più insieme, conferire infra di loro alcuna cosa de gli studii delle lettere; et per modo d'instruire, leggersi alcune lezzioni l'uno all'altro, e dichiarare libri, massimamente Christiani.

Che questa disposizione abbia trovato effettivamente applicazione nella vita eremitica a Camaldoli rimane memoria nella descrizione del Sacro Eremo che Silvano Razzi fa nel 1575:[27]

23. La *Reformatio* venne ristampata presso la tipografia del Sacro Eremo di Camaldoli nel 1589, aggiungendovi i privilegi concessi da Gregorio XIII alla Congregazione, confermati da Sisto V, e i privilegi concessi agli Eremiti di Montecorona.

24. *Reformatio Camaldulensis ordinis ... a Leone X*, c. 18v.

25. Barletta, *Camaldoli a metà millennio*, 5.

26. *Regola della vita eremitica*, 120. Cfr. *In hoc volumine continentur. Proemialis epistola*, cc. 53v-54r.

27. Razzi, *Descrizione del Sacro Eremo*, 24.

Entrato nell'orto prima, che si entri nella cella, si truova un portichetto lungo circa quattro braccia, ò cinque, alquanto rilevato, à guisa di una piccola loggietta, e riguardante l'orto: sotto il quale sono soliti di starsi à ragionare l'uno con l'altro i Padri, quando è loro conceduto (dispensandosi il silenzio) potersi parlare, et andare à visitare l'un l'altro.

La biblioteca diffusa, che prende forma dalle due *comuni librerie* – quella all'Eremo, per la crescita spirituale dei monaci, e quella al cenobio per la formazione dei candidati alla vita eremitica –, unite alla *bibliothecula*, presente in ogni cella eremitica, è il frutto di una articolata riflessione sulla formazione monastica, che attraversa tutta la produzione legislativa camaldolese dal XIII al XVI secolo, disciplinando l'uso dei libri, e degli spazi dedicati alla loro conservazione, come quelli dedicati all'insegnamento o al confronto, sul modello dell'accademia umanistica.

Il possesso dei libri nella formazione dei giovani monaci lungo il XVI secolo continuò a presentare comunque alcuni problemi, come appare chiaro nella lettera che Pietro Dolfin indirizza all'umanista e priore degli Angeli a Firenze Paolo Orlandini, riprendendolo per la durezza con la quale aveva trattato il giovane Pietro da Bibbiena, il quale aveva ecceduto nell'acquisto di libri e nella commissione di scaffalature per poterli contenere – *ad comparandam sibi librorum suppellectilem*: egli fu infatti *ingannato dai libri, più che da qualche volgare o turpe desiderio, per questo merita più facilmente il perdono*. Il Dolfin *non scusa il peccato, ma l'intenzione del trasgressore: per cui il cuore si attaccava soprattutto ai libri,* riconoscendo nel giovane monaco le qualità del bravo studioso.[28]

28. «Paulo Orlandino Priori Angelorum. Adiit me Petrus Bibbienensis, monachus tuus. Miratus, qui sine litteris et solus me convenisset: didici continuo ab eo causam profectionis suæ. Improbavi primo quod fecisset: et corripui consilium eius. Visus est compungi plurimum: et facti poenitere: spoponditque continuo, se mihi in omnibus obtemperaturum. Nosti, Prior, mobilia et inconstantia esse adolescentulorum ingenia et trahi violentius ad ea, quæ cupiant, cum esse in illis senilis gravitas non facile reperiatur. Trahit sua quemque voluptas. Nimium discendi studiosus, ad comparandam sibi librorum suppellectilem adiecit animum: et fortasse vehementius quam oportuit. Decæptus (*sic*) librorum, non alicuius incontinentiæ aut turpitudinis cupiditate: facilius meretur veniam. Non excuso peccatum, sed intentionem delinquentis: qua supramodum ad libros apposuit cor. Licet autem adolescentium peccatis non semper ignoscendum sit: (quis enim filius, quem non corripit pater?) consyderanda nihilominus castigandorum ingenia existimo: quemadmodum et pater Beatissimus admonet in regula: ubi qualis esse abbas debeat accuratissime describit. Apostolus quoque Paulus, Argue (inquit) obsecra increpa: in omni patientia et doctrina. Alius severitate alius blandimentis, ad meliorem profectum dirigitur. Cuius sit iste ingenii quam indolem præseferat (*sic*): longe me melius nosti. Mihi semper supra ætatem et acutus, et ornatus virtutibus, et optimæ spei plenus (nisi me ipse fallit) visus est. Et de huiusmodi scriptum reor. Plus proficit correctio apud prudentem: quam centum plagæ apud stultum. Verum cui hæc scribo? Calles tu ista optime: cum sis et prudentissimus, et eruditissimus. Unum hortor: ut sit tibi iunior iste commendatus: mitiusque cum ipso agas: si se tibi, sicut nobis recæpit (*sic*), humiliaverit. Memento Onesimi ab apostolo Philemoni, tanquam sua viscera commendati. Forsitan enim et hic ideo discessit ad horam a te ut in æternum illum reciperes, non iam ut inobedientem sed ut charissimum filium: qui facile futurus sit baculus senectutis tuæ. Ex Priore Camalduli, aut Sancti Benedicti, apertius intelliges quid cupiam. Vale cum familia omni, Ex Fonte bono. Die VII septembris MDXII», Dolfin, *Epistolarum volumen*, lb. XI, ep. 92, cc. O 8v-P 1r.

1. *De edificiis et fabrica domus Camalduli*: dal sogno di una accademia camaldolese alla realtà della *bibliothecula* eremitica

Per rintracciare alcuni elementi riconducibili alla fabbrica delle tre biblioteche presenti a Camaldoli si deve ricorrere alle descrizioni del sito eremitico – sempre sospese tra realtà e rappresentazione idealizzata dell'*otium* umanistico –, e alla documentazione che ricorda la serie di lavori che hanno interessato Camaldoli, eremo e cenobio, dalla metà del XV secolo al XVII secolo.

All'origine di questa catena si trova l'opera riformatrice iniziata da Ambrogio Traversari con il suo generalato (1431-1439), che sarebbe dovuta passare per una solida formazione umanistica dei monaci più giovani,[29] e che trovò la sua più duratura espressione in Mariotto Allegri, che volle *praeceptor et magister puerorum* dello *studium* di Fontebuono.[30] Eletto priore generale il 5 novembre 1453, Mariotto diede inizio ai lavori di restauro ed ampliamento di Fontebuono e del Sacro Eremo, dove edificò assieme alla sacrestia il nuovo deposito librario unito all'archivio, che sarebbe sopravvissuto fino alla nuova fabbrica della biblioteca eremitica del 1622.

La più antica descrizione dell'Eremo è offerta da Girolamo Aliotti, umanista e abate di Santa Flora e Lucilla di Arezzo, che si fece promotore alla morte del Traversari (1386-1439) – di cui scrive essere stato amico da quando l'umanista camaldolese aveva fatto il suo ingresso giovanissimo nel chiostro di Santa Maria degli Angeli di Firenze – di una sua biografia, mai portata a termine, alla cui stesura avrebbero dovuto partecipare i confratelli Agostino da Portico di Romagna e Mariotto Allegri, Carlo Marsuppini e Leon Battista Alberti .[31] Nell'opuscolo *De monachis erudiendis*, steso tra il 1440 e il 1450, dedicato a papa Eugenio IV, Aliotti intavola un confronto sugli studi in ambito monastico con Ambrogio Traversari e Agostino da Portico di Romagna (1408-1468),[32] ambientandolo nel romitorio casentinese:[33]

> Mons est asperrimus, incultus, desertus, qui bina cingitur silva; altera fagos habet altissimas, altera proceras abietes; in huiusque medio amoenissimum cernitur pratum, circo, sive theatro adsimile, abiete pratum undique vestiente; quod spatium, divisis cellulis, Anachoritae incolunt. Medium tenet Ecclesia, horrenda vetustate, ac religione constructa. Neque vero omnes parem, et aequalem vitam degunt; sed est ordo duplex, et differentia incolarum. Alii namque perpetuo et clausi degunt in cellulis, et hi singula, privataque habent Altaria, in quibus Sacra divina seorsum et per se quisque peragunt, adlatis sibi per ministros, omnibus ad victum necessariis. Alii liberiori licentia, dum libeat, toto luco vagantur; et hi ad communem basilicam conveniunt nocturnis horis, atque diurnis. Dormitoria, sive cellulae, non ut in Coenobiis consuevere, pariete interiecto, iuncta sunt, sed humiles per se quisque casulas habitant, nitore quodam, et splendore coruscas, quibus singulis singuli item adnexi et

29. Cfr. Cortoni, *Ambrogio Traversari e la riforma del mondo camaldolese*, 131-156.

30. Cfr. Guerrieri, *Clavis*, 125-129.

31. Per la figura dell'umanista aretino cfr. Caby, *Camaldolesi e storie camaldolesi*, 93-127; Caby, *Girolamo Aliotti (1412-1480)*.

32. Cfr. Guerrieri, *Clavis*, 57-58.

33. Aliotti, *Epistolæ & opuscula*, 185-186.

coniuncti sunt hortuli. Perraro, et in ipsis tantum solemnitatibus publicum refectorium adeunt, cibum una capiunt; diebus aliis sua quemque alit, ac reficit cellula. Qui Eremum obtrusi (*sic*) sunt, praeter canonicas horas integrum per singulos dies Psalterium perlegunt; ceteri dimidiatum. Saepenumero aqua et pane cibario ieiunia condire solent. Opere manuum exercentur, vel in excolendis hortis, quos omnes interluunt rivuli per ligneos meatus deducti, vel in vimineis canistris, fiscellisque texendis. Nonnulli etiam minutoria ex ligno utensilia manibus effingunt, ut cocleare, ut patinam, ut catinum. Sepulcrum unum, et commune est omnibus alte defossum, quod mihi miraculum excitare soleat. Nam servat imputrescentia corpora multa per secula, et aetates, ut integerrima intuentibus videantur. Non enim superiniicitur terra, verum tabulis lingneis operitur. Credo id fieri propter opacitatem loci ac frigiditatem, ut numquam seu recentia, seu diuturna funera male oleant. Diem itaque illum non sine voluptate consumsimus (*sic*) in perlustrandis cellulis, et explorandis moribus, institutisque Monachorum. Postridie peractis sacris, et re divina de more persoluta, Augustinus, et item ego Ambrosium in triclino (*sic*) composito post refectionem convenimus, quem ipse prior ita compello. Quod tua hodie, Pater, intercepturi sumus otia, et traductionem; nam ex Chrysostomo, nescio quid, latinum faciebat; non est quod tam mihi, quam huic Augustino succensere debeas, qui ne hospiti quidem, et adventitio mihi pepercit: quum tamen multo ante per litteras lacessiverit (*sic*), quo me rusticioris simplicitatis admodum studiosum, a cursu meo divertens ad hunc suum traduceret litterarum, et eruditionis fastum.

La prima immagine è quella del luogo appartato, lontano dal mondo, e a tratti ostile, che offre all'umanista quella solitudine che va cercando per nutrire la propria riflessione: *la montagna è aspra, incolta e deserta, circondata da due foreste; l'una ha faggi altissimi, l'altra abeti altissimi; e in mezzo a queste si distingue un prato ameno, simile a un cerchio, o a un teatro, un prato coperto su tutti i lati dall'abetina; gli Anacoreti abitano questo spazio, diviso in celle*. Se la descrizione sembra sovrapporsi alla realtà, come la foresta mista a faggi e abeti, o la presenza della corona intorno all'eremo – che pensò a tutelare già Bonaventura da Fano nel XIV secolo –, Aliotti per indicare il luogo dove è stato edificato l'eremo ricorre all'espressione *pratum amoenissimum*, la stessa usata nel *Liber Eremitice Regule* di Rodolfo II, priore generale dal 1158 al 1165, per indicare il sito della fondazione romualdina, quel *campus amabilis*, «un campo amabile alla vista», che torna nella bolla di Alessandro II, del 29 ottobre 1072, con la quale prende sotto la tutela dell'autorità apostolica l'oratorio di San Salvatore e l'ospizio di Fontebuono con le sue corti. La nota che meglio descrive la situazione dell'eremo – nell'intervallo che va dalla morte del Traversari al priorato di Mariotto – è quella della chiesa, che posta nel mezzo del romitorio appare *horrenda vetustate, ac religione constructa*, facendo immaginare i motivi per cui un decennio dopo venne restaurata affiancandola ad una sacrestia, il cui guardaroba venne impiegato per la custodia dei libri e dei documenti. Vera è la distinzione tra coloro che vivevano in reclusione e coloro che si muovevano con più libertà entro gli spazi della clausura eremitica, mentre la vita quotidiana degli eremiti divisa tra la preghiera in coro, la coltivazione degli orti nelle celle, e soprattutto la fabbricazione di cesti di vimini, ricorda molto da vicino lo stereotipo dell'anacoreta. Così come sembra appartenere alla cultura umanistica l'immagine del Traversari colto nei suoi *otia* intento a lavorare alla traduzione di Crisostomo. Caratteristico del dibattito sorto tra gli umanisti provenienti dagli ambienti religiosi è la ricerca di quella *rusticior simplicitas* che si opponeva alla *docta pietas*, della quale il Traversari era uno dei più importanti esponenti, che dietro le mura dell'eremo si era scontrata con la *sancta simplicitas* di Girolamo da Praga (1368-1440).

Di pochi anni successiva è l'epistola *de edificiis et fabrica domus Camalduli* del cancelliere Leonardo, nella quale sono descritti minuziosamente i lavori di restauro ed ampliamento del cenobio di Fontebuono, avviati da Mariotto Allegri nel 1456.[34] Tra questi sono importanti i lavori che interessarono il chiostro dei fanciulli (*claustrum puerorum*) e gli ambienti attigui – il cui stato è ben reso dall'espressione *in eis excreverat multitudo soricum* – che ospitarono la biblioteca e l'archivio, come ricorda nel *Chronicon Camalduli* Odoardo Baroncini.

Una decina di anni dopo il resoconto del cancelliere Leonardo, un testimone dei lavori che Mariotto promosse anche nel romitorio casentinese è la *Heremi descriptio* di Ludovico Monaco (1463-1469), dedicata a Piero di Cosimo de' Medici, detto il Gottoso, nella quale per la prima volta si rammenta la nuova libreria unita all'archivio posta sopra la nuova sacrestia:[35]

> At superest cum camino et reliquis cellula per omnia prime similis, quæ hostium habet ab oriente solo æquum, cava tamen media fossa que ponte transitur, quod vero fonti superstat, libris servandis deservit et ordinatissimum scripturarum gerit armarium, quae tum ipsius heremi tum etiam locorum ordinis privilegia continent et iura.

La nuova biblioteca di Mariotto nel 1516 sembrò a Paolo Giustinian – quando la raccolta della *Regulae* era stata già completata – che fosse piccola e scomoda, augurandosi che presto si sarebbe provveduto a farne una nuova, come appare chiaramente nel cap. 24 – *Dei studii delle lettere, e divote esortazioni* – della *Regola della vita eremitica*, stampata nel 1520, dove dispone anche che vengano acquistati ogni anno libri per la somma di dieci scudi:[36]

> Diano efficace opera gl'Eremiti, che la comune libreria dell'Eremo (rimosse da quella tutte l'altre cose, et scritture) li adatti, et accomodi di maniera, che in essa possano tutti i professi Eremiti entrare senza speciale licenza, e tutti i libri in quella siano ordinatamente disposti: e se ne faccia un'indice. De' quali libri nondimeno possa ciascuno, havutone licenza dal Maggiore, portarne quanti gli sono necessarii alla Cella: pur che ciascuno lasci scritto in detta comune libreria, che libri n' habbia cavati, et portati via. Partendosi dall'Eremo, ò vero morendo alcun'Eremita, tutti i libri, che nella sua Cella saranno trovati siano portati in detta comune libreria. Anzi più tosto, se si potrà fare, procurino, che in altro luogo se ne faccia un'altra più ampla, et più commoda; nella quale sempre si custodisca inviolabilmente silenzio. Comprinsi ogni anno libri, ma di quelli, che saranno tenuti più utili, et migliori: di maniera, che non passi mai anno, nel quale non si spendano al manco dieci scudi in libri. Et i detti libri non possano in nessun modo, né da gl'Eremiti essere portati fuori dell'Eremo, né dato in prestanza ad alcuno, senza espressa licenza del Maggiore, ò del Capitolo. Et à quelli, che vanno à i luoghi dell'Eremo, potrà bastare la licenza del Maggiore, massimamente in piccolo numero, cioè infino à cinque capi di libri.

34. Cfr. ASF, Camaldoli Appendice 8, c. 179rv; Lasinio, *Appunti su Fontebuono*, 560-570.
35. Caby, *Éloge de Camaldoli*, 90, ll. 238-243; cfr. anche Guerrieri, *Clavis*, 121-123.
36. *Regola della vita eremitica,* 120-121.

Ma à coloro, che vanno ad altri luoghi, ò maggiore numero di libri, non si conceda senza licenza del Capitolo. E chiunche và ad alcuno di essi luoghi dell'Eremo, di tutti i libri, che con licenza del Maggiore, ò del Capitolo porterà, sia tenuto lasciare nota in mano del Maggiore, ò di colui, al quale sarà stata commessa la cura della libreria. E queste cose sono state così ordinate, percioché si è trovato per esperienza, che come lo studio delle lettere nelle religiose menti è un eccitamento di tutte le virtù; così non è chi dubiti, che l'ocio, et l'ignoranza sono il fomite, et la madre di tutti i mali.

Gli effetti di questa biblioteca diffusa – che sembra prendere pieno corso grazie alla riforma del Giustinian – non passano inosservati nella *Epistola in qua Camaldulensis eremi situs ... vitaeque ibidem degendae ratio describuntur* di Cristoforo Marcello, scritta nel 1521, appena un anno dopo le dimissioni di Paolo Giustinian da maggiore dell'Eremo, che segnò l'inizio di una profonda crisi all'interno del mondo camaldolese, conclusasi con la nascita della Compagnia di San Romualdo (1523), divenuta poi Congregazione degli Eremiti di Montecorona (1530). Nella sua descrizione del Sacro Eremo e della foresta che lo circonda, Marcello ricorre a immagini simili a quelle usate da Girolamo Aliotti, soffermandosi maggiormente sulla semplicità della chiesa, priva di qualsiasi abbellimento, dove anche il canto liturgico mancava di qualsiasi supporto strumentale, o bellezza nel suono; proprio come la struttura muraria tutto era ispirato alla *simplicitas*, anche questo uno stereotipo della vita anacoretica:[37]

Antequam ad eum locum pervenias, in ascensu montis tibi sese offert multitudo abietum, qua latus ferme totum altera ex parte occulitur: hac arborum copia dextra, lævaque per stadium, ni fallor, ut ita dixerim, comitati, iugum conscendimus. Ibi paullo declivis commemorata planities, a seriatim positis, et frequentissimis eisdem in coelum tendentibus abietibus, nulla prorsus alterius generis admixta arbore, cingitur. In hoc circuitu complures eremitarum discontinuatæ domunculæ, ex quibus nonnullæ, quæ viam rectam tamquam diametrum illius circuli efficiunt, apparent ordine positæ, reliquæ omnes hinc inde fusæ totum illum ambitum complent. Aliquantisper circa viæ dimidium extat sacellum mira quadam pietatis arte constructum: non enim amplum est, aut splendidum satis, sed subobscurum, breve et ad solvenda Christo servatori piacula precesque fundendas accommodatum. Ibi non nitentia marmora, non auratas trabes, non minio et purpura, maxima opera et impensa depictas tabulas, non eburneos aut æneos loculos, non pretiosa vasa, et Corinthiaca manu confecta, non aureas statuas, non gemmis, argento et auro splendentes aras invenies: sed ipsum quod diximus sacellum, ex lateribus lignisque abiegnis erectum, pro divini cultus exercitio, mediocri suppellectile præditum, ibi omnia sanctitatem quamdam redolent, et spiritalis vitæ profectum: sed inter alia sanctissimi viri Romualdi, eius vitæ et nominis institutoris, brachium visitur, et marginaria eiusdem in Psalterium præ nimia fere vetustate exesum, ut perspici potuit, diligens expositio, quæ duo inter sacra præcipua et merito custodiuntur. In eum locum die nocteque pro explicandis Deo hymnis et laudibus conveniunt eremitae, qui nullo audientium aurium pruritu, nulla harmonica suavitate, nulla prorsus instrumenti alterius dearticulatione, summissis et porrectioribus vocibus illas alternatim enuntiant, gratum quidem, ut reor, et

37. *Christophori Marcelli Patricii Veneti Archiepiscopi Corcyrensis Epistola, in qua Camaldulensis eremi situs vitaeque ibidem degendae ratio luculenter describuntur*, in *Annales Cam.*, I, *Appendix*, col. 305.

Deo et piis animabus obsequium, quum mens ipsa, et intraneus hominis spiritus, pro gratificatione sui non egeat melodiis.

Ciò che colpì maggiormente Cristoforo Marcello fu la cella eremitica con il suo studiolo, dove la lettura non è concepita come un'alternativa alla preghiera ma la sua naturale continuazione nella forma della meditazione attraverso la lettura di libri cari all'eremita o utili alla sua spiritualità:[38]

Est enim in eius medio situm cubiculum studiolo ab altero cubilis capite præditum, tabulis abiegnis conclusum ab altero ianua, quæ ex modica aula homini præbet ingressum: ex adverso cubilis, focus camino subiectus, cuius recto spiraculo fumus e tectis superius evolet, ubi per brumam perpetuus vigeat ignis: namque præ sui altitudine, vehementius riget illius iugi cacumen. In studiolo sacris cuiusque conditionis, pro hominis libito, licet pauci, constituti sunt libri, quibus quum ab orationibus vacandum est, subire possit lectionis voluptas, et bonarum institutionum proficua meditatio. A levo studioli latere, per fenestram modicum non sublime, sed transversum lumen admittitur, ne nimia eius reflexione legenti acies oculi perstringatur.

Anche Giorgio Vasari, durante il suo soggiorno all'Eremo di Camaldoli, grazie ai buoni uffici dell'aretino Giovanni Pollio Lappoli detto Pollastra, scrivendo a questo nel 1537 parla diffusamente della cella eremitica e dello studiolo al suo interno:[39]

Quivi il silentio stà con quella muta loquela sua, che non ardisce à pena sospirare; ne (le) foglie degl'abeti ardiscono di ragionar co' venti; et le acque, che vanno per certe doccie di legno per tutto l'ermo, portano dall'una all'altra cella de romiti acque, camminando sempre chiarissime con un rispetto maraviglioso. Mi è piaciuto il vedere per ogni cella uno ambulatorio da passeggiare di 12 passi et uno scrittoio da scrivere et studiare et il letto vicino et un tavolino, che è come una finestra, che bucata di fuori, pare una ruota da monache, et si serra: Dove mettono la pietanza à detti romiti i conversi, accio che chi stà dentro, aprendolo à sua posta, fà tavola et piglia il mangiare, et finito, ripone et i piatti et quello gli avanza, chiudendo; et il medesimo, che gli portò pieni, gli porta via voti senza una parola mai. Vi è da fare il fuoco con buona provisione di legne per la state et per il verno, et una bella cappelletta, ornata et devota, che caveria le orationi de pensieri à ogni disperato animo. Taccio l'altre infinite comodità di loggie, comodità di lavar panni, orti bellissimi, che sono un conforto grandissimo à chi gli gode, pensate à chi gli vede.

Lo scrittoio serve tanto per scrivere che per studiare, evidenziando come la mancanza di un vero *scriptorium* all'eremo, – quando nel 1282, nel pieno del generalato di Gerardo, viene redatto un *actum apud Camaldulum in camera scriptoria palatii*, seguito da un secondo *actum in palatio Fontis Boni in quadam camera que vocatur scriptoria*,[40] a dimostrazione della presenza di uno *scriptorium* al cenobio già casa di formazione –, viene supplita dalla cella. Nel 1570 lo spagnolo Andrés Muñoz stampa a Roma una *Eremi Camaldulensis descriptio*,

38. *Christophori Marcelli Patricii Veneti Archiepiscopi Corcyrensis Epistola, in qua Camaldulensis eremi situs, vitaque ibidem degenda ratio luculenter describuntur*, in *Annales Cam.*, I, *Appendix*, col. 306.
39. Frey, *Nachlass Giorgio Vasaris*, 90.
40. ASF, Camaldoli Appendice, 19, *Registro generalizio* 2, 1279-1288, c. 86v.

nella quale lo studiolo, chiamato *museum*, sempre presente nelle *domunculae* eremitiche, viene descritto con le stesse parole che Marcello aveva usato quarant'anni prima:[41]

> Tum Museum situm est, tabulis etiam munitum, in quo, sacri generis cuiusque, licet pauci numero, positi sunt libri, quorum lectione, spiritus post pias effusas preces, solamine affici, ac cælestia utilius rimari possit. A lævo Musei latere, per fenestram, parum luminis, et id quidem transversum admittitur, ne, nimia eius reflexio, legentis aciem oculi offendat.

Delle biblioteche presenti a Camaldoli sembra che quella ospitata nella cella eremitica costituisca il *proprium* della tradizione camaldolese, rispetto alla comune idea che già nel XVI secolo andava consolidandosi nella tradizione cenobitica. Due anni dopo il Muñoz, nella sua *Descrizione del Sacro Eremo di Camaldoli* Silvano Razzi descrive nuovamente lo studiolo eremitico ricorrendo alle parole del Vasari – con il *cavalier Giorgio pittore*, come compare citato negli *Atti del Capitolo del Sacro Eremo di Camaldoli* del 1563-1585, c'era una consolidata amicizia –,[42] evidenziandone la comodità, ovvero l'immediata praticità per quanti scrivevano e studiavano:[43]

> A capo al letto, et à canto à questa Tavolina è un poco di Scrittoio, ò vero Studiuolo, diviso dalla stanza, è tutto chiuso intorno, con palchetti da tener libri, et molto commodo per starvi à scrivere, et studiare. Et in ciascuno Studiuolo stanno sempre per ordinario alcuni libri, che più sono necessari ad ogni buono religioso. Come dire il Testamento vecchio, et nuovo, le Vite de' Santi Padri, un Leggendario de' Santi, et simili.

Razzi fornisce un'indicazione ulteriore sui libri conservati in cella, ovvero che fossero solo di edificazione spirituale per l'eremita. L'ultima indicazione sulla fabbrica della biblioteca dell'Eremo e di Fontebuono viene dal *Chronicon Camalduli* di Odoardo Baroncini, che al 14 luglio 1622 riporta la notizia della nuova fabbrica:[44]

> Anno 1622. Indictione V
> Die 14 Julii propositum decretumque fuit ab Eremi Capitulo, ut supra Cellam S. Romualdi, quam Cellerarius inhabitat, duae construantur Mansiones ad usum Librariae Cellae Parmae contiguae. Ex anno etenim 1529 Librorum repositaria super Sacrarium habebantur atque ad huiusmodi Librariae fabricam litteris Maiorem et Eremitas hortatur anno 1549 Faustus Sabeus Custos Vaticanae Bibliothecae. Sed ex

41. Muñoz, *Eremi Camaldulensis descriptio*, c. 6r.

42. «Allacciò [Silvano Razzi] stretti rapporti anche con Giorgio Vasari, il quale richiese probabilmente la collaborazione del camaldolese per la stesura delle *Vite dei più eccellenti architetti pittori et scultori italiani*, in particolar modo per la vita di Giotto [...]. A detta di Vasari, Razzi era un raffinato collezionista d'arte (possedeva un bassorilievo di Giovan Francesco Rustici e un «bellissimo disegno» di Francesco Salviati) ed era dotato di un'intraprendente attitudine mecenatesca che lo portò a commissionare al Bronzino un quadro su santa Caterina (*Giorgio Vasari*, 1981, pp. 193 s.)», Riga, *Razzi*, 649-650.

43. Razzi, *Descrizione del Sacro Eremo*, 25.

44. Odoardo Maria Baroncini, *Chronicon Camalduli ex scripturis eius decerptum, et ad nostra tempora deductum auctore Odoardo Baroncinio*, ASC, Registri, Camaldoli, 83, c. 652, s. XVIII prima metà.

nunc tantummodo officium Bibliothecarii annuatim conferetur atque anno 1693 Libri congesti sunt atque distincti fuere ad eorum Indicem et Repertorium conficiendum. Partim repositi sunt in Monasterio Fontisboni apud antiquam Aromatariae Mansionem, et anno 1699 obtenta est Librorum prohibitorum Licentia, quae adhuc etiam viget.

Baroncini, dando informazione sulla fabbrica della nuova biblioteca dell'Eremo – ancora oggi esistente –, riporta diverse informazioni, come lo spostamento nel 1529 della libreria dalla *cellula* accanto alla sacrestia al guardaroba immediatamente sopra la sacrestia e l'auspicio nel 1549 di Fausto Sabeo, custode della Biblioteca Vaticana, di vedere realizzata una nuova biblioteca. Solo qualche anno prima, nel 1547, Gregorio da Bergamo, maggiore del Sacro Eremo, promosse alcuni lavori a Fontebuono che riguardavano la nuova sacrestia, la libreria ed altri annessi: *sacrestie libreria capitolo et altre stanze facte sino al muro sopra tecto con il claustro di sotto attorno. Costo sc. 300.*[45] Essendo l'Eremo privo di un chiostro, la nota spese sembra riferirsi al chiostro dei fanciulli, dove tutt'oggi si affacciano la sacrestia e l'antica aula del capitolo. La fabbrica della nuova biblioteca ebbe inizio nel 1622, ad uso della cella Parma, ovvero della cella intitolata originariamente ai santi Giovanni e Paolo, costruita da Ranuccio I Farnese per il Priore generale. Baroncini parla anche del riordino della biblioteca, che fornì di un indice e di un repertorio, portati a termine nel 1693, e di una parte dei libri conservata nel monastero di Fontebuono, nei locali della vecchia spezieria, ovvero nel *chiostro degli speziali* – oggi chiostro di Maldolo – confinante con il chiostro dei fanciulli.[46] Questi ambienti vennero visitati, trent'anni prima che si desse inizio al riordino, dal bollandista olandese Daniel Papebroch, che di passaggio a Camaldoli il 19 gennaio 1662, dopo essere salito al Sacro Eremo e aver visto la chiesa e la biblioteca, scese per il pranzo al cenobio, dove negli angusti spazi dell'archivio gli vennero mostrati alcuni documenti e qualche libro antico, privi di un catalogo e spesso chiusi in delle casse.[47] Allo stesso modo Angelo Maria

45. Cfr. *Ricordi memorabili di don Gregorio da Bergamo delle cose dell'eremo*, ASF, Camaldoli Appendice, 614; Scapecchi, *Inscriptus Catalogo S. Eremi Camalduli*, 10.

46. «Comprese di più che molti libri, e moltissime carte per contenere cose d'importanza, non stavano bene in Libreria, ma nell'Archivio di Camaldoli; onde avendolo suggerito ai Superiori, approvarono il sentimento suo, e gli dissero, che egli si prendesse ancor questa cura, e vi portasse tutti quei libri, e quelle carte, che a suo giudizio credeva bene esser ivi tenuti rinchiusi, e custoditi, e così egli fece. Ma nel volere mettere questi con qualche ordine, trovate tutte le cose con gran confusione, riconobbe che molto più aveva bisogno quell'Archivio di essere riordinato, che la Libreria», *Vita di Odoardo Baroncini*, 41.

47. «Sursum ascendimus et in ornatissimo istic templo sacrificavimus: ducti ad bibliothecam bene instructam coniectos in unius lateris scrinia codices *manuscipti* (*sic*) sigillatim excussimus omnes: in quibus tamen nihil repertum, sed intra libros impressos inuenta fortuito est multarum vitarum *manuscripta* collectio: inter quas complures à nobis desideratae: hanc una cum libro Greco, in quo Domnae et sociorum vitam non agnoscebamus primum eam esse que sub titulo Inde et Domnes passim extat in Metaphraste, obtinuimus ut deorsum ferendam curarent: quo et ipsi descendentes à prandio accessimus ad archivium (*sic*): quod admodum copiosum scriptis an aliquid in rem nostram contineret scire nequivimus: propterea quod nullus adesset index et qui monstrare debuisset cancellarius tyro; etiamnum caeterum huius fratri per plures in eo archivio (*sic*) annos versato commissa erat cura inventarii conficiendi, quod dum fieret promittebant facturos se, ut idem notam nobis suo tempore mittendam sumeret eorum scriptorum que ad sanctos forte pertinere inve-

Bandini, in visita a Camaldoli il 2 ottobre 1787, nell'*Hodoeporicon del Casentino* fornisce una descrizione dettagliata della biblioteca di Fontebuono, *un'angusta stanza terrena ... ricca di antiche e ben conservate edizioni*, secondo l'assetto che gli diede Odoardo Baroncini, tra il 1690 e il 1693.[48]

2. *La formazione delle collezioni librarie a Camaldoli dal XVI secolo alla riapertura nel 1935*

Una descrizione della biblioteca diffusa a Camaldoli è fornita da Tommaso Giustinian, in religione Paolo, nella lettera indirizzata nel 1510 all'amico e poi confratello Vincenzo Quirini, in religione Pietro, nella quale segnala la possibilità di accedere tanto alla raccolta libraria dell'Eremo quanto a quella dell'umanista e camaldolese veneziano Pietro Dolfin, allora priore generale, divisa tra il monastero di Camaldoli e la villa La Mausolea – fatta edificare dallo stesso nella pianura di Soci tra il 1494 e il 1496 –, e la possibilità di reperire alcuni testi, non presenti a Camaldoli, presso la biblioteca di Urbino che distava appena due giorni di cavalcatura:[49]

> Libri. Oltre a quelli che ognuno si portasse per sé, qui hanno una biblioteca sopra la sacrestia, nella quale hanno dei libri riguardanti tutti la Sacra Scrittura, scritti a mano – e buoni libri, fino a un totale di duecentoventi, di cose da studiare. E poi molti libri da utilizzare in chiesa, fino a un totale di cento e più volumi: Salteri, messali, omiliari e cose simili. I libri da studio sono tutti dei santi dottori, e sono libri belli e buoni. Si avrebbe, qui, la grande comodità di poter usufruire della biblioteca del generale, il quale è pure assai copiosamente fornito di libri sulla Sacra Scrittura, libri che tiene parte a Camaldoli, parte alla Mausolea, lontana dall'Eremo tre o quattro miglia; ché si può reputare, data la bontà di quell'uomo, che quei libri siano tutti di ogni persona che li voglia adoperare – tanto liberamente ce li mette a disposizione. A me, a una semplice parola, mandò da Camaldoli all'Eremo un mappamondo a stampa, messo su una tavola pesante quanto il carico di un asino; e mi ha più volte offerto i libri, quanti e quali mi servono; e li mette a disposizione di tutti i monaci volentieri. Della biblioteca di Urbino, essendo a due giornate da lì, credo si avrebbe, tramite messer Pietro e madonna la duchessa vecchia, gran comodità di poterne usufruire. E vi posso dire che non vidi mai né sentii parlare di una biblioteca più abbondante di buoni

nirentur. Sub vesperam coepimus allatos iam libros excutere diligentius invenimusque in illo latino codice non paucorum dierum opus: sed quod octiduum facile requireret», in Daub, *Auf Heiliger Jagd in Florenz*, 157-159.

48. Cfr. Angelo Maria Bandini, *Hodoeporicon del Casentino*, I-VIII, BMF, ms. B.I.19, c. 35. È infatti durante la visita del Bandini che si conosce la nuova disposizione di archivio e biblioteca al Monastero: «In questo momento di fervore per gli studi, di grande rilievo sono le pagine che Angelo Maria Bandini dedica nel suo *Odoeporicon* alla biblioteca di Camaldoli che visita il 2 ottobre 1787, lasciandone appunto una minuta descrizione. A Fontebuona vede l'archivio dove sono conservate lettere del Traversari e di Girolamo da Praga, un antico messale ed altri codici, la spezieria e la biblioteca "*che è collocata in un'angusta stanza terrena e la trovai* – annota – *ricca di antiche e ben conservate edizioni*", soprattutto incunaboli, di cui fornisce la lista (la descrizione alla cc. 40-60)», in Scapecchi, *Inscriptus Catalogo S. Eremi Camalduli*, 43; Croce, *Archivi e cultura nel mondo camaldolese*, 10.

49. Barletta, *Camaldoli a metà millennio*, 66-68.

libri ecclesiastici e di cose rare e di cose dei principali dottori della Chiesa: non ne ho visti altrove più che in questa. A me pare che non ci sia biblioteca al mondo che sia più confacente a un monastero di monaci ben istruiti e studiosi di quella di Urbino. Dei libri di Firenze greci e latini che stanno alla biblioteca di San Marco dell'Ordine dei Predicatori e nella Badia di Firenze dell'Ordine di Santa Giustina – in tutte e due queste biblioteche ci sono molti e buoni libri greci ed ecclesiastici e di altro genere –, per mezzo del monastero degli Angeli e per mezzo del generale se ne avrebbe, per usufruirne, tutta la comodità che si volse; perché c'è questa buona e gentile consuetudine in quella degna città: che un monastero con l'altro mettano a disposizione tra di loro i libri liberalissimamente, per mesi e per anni, e non bisogna se non domandare. Ne ho avuto la prova io stesso: stando a Firenze, a una semplice richiesta a nome dei frati degli Angeli, mi sono stati messi a disposizione, sia da San Marco che dalla Badia, tutti i libri che ho voluto, sia latini che greci, sia per vederli che per farli trascrivere; e ho sentito dire che lo fanno volentieri, sempre, con grande carità. E all'eremo di Firenze non c'è un mese senza che, per tramite del generale e del monastero di Camaldoli, non arrivino due o tre inviati.

Quello descritto dal Giustinian è un complesso sistema di biblioteche che oltrepassa il romitorio casentinese, ma che allo stesso tempo lo pone al centro di una fitta relazione tra umanisti che vivono nel chiuso di un chiostro, di cui Pietro Dolfin e i monaci degli Angeli sembrano essere, per il mondo camaldolese, i numi tutelari. Eppure quando Giustinian entra nella descrizione degli eremiti che vivono a Camaldoli, tutto quanto era stato detto sulle relazioni che legavano tra loro *monaci ben istruiti e studiosi* sembra venir meno. All'arrivo del Giustinian all'Eremo la comunità era formata da *sette sacerdoti, cinque conversi e un commesso*, la nota che li unisce è che *leggono molto in volgare*. La particolare attenzione con cui il Giustinian ribadisce il fatto che il volgare sia di gran lunga la lingua preferita dagli eremiti, nella lettura personale e comunitaria, ha un suo fondamento, e – oltre che apparire come una critica verso una comunità costituita di persone semplici e di buon cuore ma di modeste capacità intellettuali –, può spiegare la presenza di un così grande numero di *manoscritti toscani* annotati da Anton Maria Salvini nel 1691 nelle *Osservazioni in occasione del viaggio a Camaldoli*:[50]

Libreria dell'eremo. Molti manoscritti greci in carta pecora d'antico e bel carattere; tra i quali un gran tomo di vite dei santi, ovvero leggendario [...]. Vari libri grammatici del Lascaris, del Gaza, del Calcondila, del Moscopulo e uno più singolare di Teodosio. [...] quali manoscritti erano quasi tutti messi insieme da Pietro Candido monaco degli Angioli di Firenze (discepolo di frate Ambrogio) [...]. Vi sono ancora libri stampati greci delle prime stampe, tra i quali si trovano ancora de' doppi, come sarebbero due Suidi e due etimologici con bella margin[atur]a. Un Isocrate stampato in Milano con l'assistenza del Calcondila. L'Omero fatto stampare in Firenze dal Nerli coll'assistenza del medesimo [...]. Manoscritti latini. Due volumi di lettere e di visite del generale Ambrogio, per il cui sepolcro si mette all'ordine l'epitaffio per li stimoli giustissimi datine dal P. Mabillon, come apparisce nel suo Viaggio in Italia.

50. ASF, ms. 340, ins. 39. Anton Maria Salvini, *Osservazioni in occasione del viaggio da esso fatto a Camaldoli ed alla Verna. L'anno 1691 partì da Firenze il dì 28 giugno e ritornò il dì 6 luglio susseguente*, in Scapecchi, *Inscriptus Catalogo S. Eremi Camalduli*, 23-26.

5 tomi di lettere latine di Pietro Delfino loro generale. Una filza di cose attinenti a visite del medesimo si conserva nell'archivio di Fontebuona che dovrebbe conservarsi nella libreria dell'Eremo. 2 volumi di fra Girolamo da Praga di sua mano contenenti cose mistiche e spirituali: *Horologium sapientiae* del medesimo pare tratto da un libro del Beato Simone domenicano, che dal tedesco fu poi tradotto in latino dal Suvio. Una raccolta di consulti di Giovanni d'Andrea [e] d'altri canonisti o legisti del 1300, come bolle di papi del medesimo tempo, sono originali. Messali camaldolesi, che oggi non si adoperano più perché i padri dicono la messa come i preti. Altri libri corali. Libri stampati. Plotino della stampa di Firenze doppio, e altri pure delle prime stampe, come sarebbe Ioannis Tortelli Aretini *de ortographia et gramatica*, un gran volume in foglio doppio. Un repertorio di varie erudizioni di un certo Eub (*sic*) tedesco segretario di Pio II. Un Sallustio col commento di Lorenzo della Valla, detto il Valla, aggiuntavi la traduzione d'Arriano de *fatti d'Alessandro Magno*, fatta da Bartolomeo Fazio. Due tomi dell'opera di S. Atanasio tradotti da Cristoforo Persona priore di Santa Balbina in Roma. [...] Manoscritti toscani. Un pezzo delle laudi del B. Jacopone co' versi andanti e posti in dirittura, come se fosse prosa, in cartapecora. Il medesimo B. Jacopone intero in carta. Libro di cose spirituali, tra le quali vi sono delle prediche di fra Girolamo domenicano citato dalla Crusca. Un volgarizzamento delle vite dei santi padri di buona lingua in foglio in cartapecora comperato nel 1300 da fra Simone Orlandini camaldolese. Poesie e cose del testamento vecchio, parte in versi del P. Orlandini. Un libro in cartapecora scritto in vecchio linguaggio francese contenente sposizione sopra il *Pater* nostro, sermoni sopra gli evangeli e alcune leggende in versi piccoli rimati a coppia, a coppia come la vita di S. Gilio o Egidio, quivi S. Gives o Giles. Gli altri libri si tralasciano, giacché il padre Odoardo Maria di Firenze, al secolo NN Baroncini mio scolare ne va facendo un indice esattissimo per utilità degli altri padri e di qualsivoglia galantuomo che colassù si trasferisca.

Il Giustinian scrive che *prima di compieta si leggono in chiesa due o tre capitoli delle* Vite dei santi Padri *o un altro libro in volgare, tenuto conto della condizione dei monaci.* Del recluso, che apre la galleria dei ritratti degli eremiti, scrive che *legge molto in volgare*, e come *mansione principale ha quella di fare gli scaffali per libri.* Poi c'è don Placido, il sacrista, anche di lui si dice che *gli piace assai leggere; e se non legge in latino, legge in volgare.* Tra questi *a leggere bene e intendere bene* sono i più giovani: don Leonardo e don Mauro, a cui si aggiunge don Tommaso, di sessant'anni, il quale *legge bene, scrive benissimo, intende assai bene ed è assai fornito di libri della Sacra Scrittura.* Il più anziano, fra Antonio, *legge solo in volgare, ma ha quasi tutte le opere di sant'Agostino e di san Gregorio e altre in volgare.* L'ultimo, di cui il Giustinian annota le letture, è fra Giovanni che *legge volentieri, solo in volgare; legge la bibbia, più che altro.* Accanto al grande incremento che ebbe la Biblioteca del Sacro Eremo di Camaldoli con il riversamento tra Quattro e Cinquecento delle raccolte librarie personali di Pietro Dolfin, Paolo Giustinian, Vincenzo Quirini, Pietro da Portico, Paolo Orlandini, Francesco Giuntini e Pietro Candido,[51] è nel Settecento che la Biblioteca del Sacro Eremo con Adelelmo Sestini risentì del modello delle collezioni librarie dei confratelli cenobiti di Classe a Ravenna e di San Michele di Murano a Venezia, impegnati nell'incremento del patrimonio librario secondo il gusto

51. Scapecchi, *Camaldoli*, 13.

antiquario di quel secolo.[52] Poche sono le informazioni sulla vita e sulla formazione di Adelelmo Sestini, che nacque a Pergine in Val d'Ambra il 25 luglio 1735, vestì l'abito camaldolese il 15 novembre del 1753, e morì presso Bibbiena nella villa di Marena, di proprietà dei signori Nati Poltri, il 12 maggio 1812.[53] Per ben due volte, dal 1795 al 1799 e dal 1803 al 1807, ricoprì la carica di Padre Maggiore al Sacro Eremo di Camaldoli. Moreni, nella lettera di dedica al Sestini, rammenta il periodo trascorso presso il Sacro Eremo in sua compagnia nel 1795, al tempo della prima elezione a Padre Maggiore:[54]

> Al Reverendissimo Padre Maggiore Don Adelelmo Sestini Eremita camaldolese. Dal momento fortunato, in cui due Lustri fa ebbi io per la seconda volta la felice sorte di gustare per più giorni di codesta beata solitudine animata da una imponente inalterata strettissima osservanza, inebriato dal natural trasporto dei miei soliti geniali studi tutti tendenti all'illustrazione dei Fasti gloriosi della nostra comune Patria, gettai, come ben Vi rammenta, in tal circostanza *per fuggir l'ozio, e non per cercar gloria* sotto i Vostri auspici i primi fondamenti di questo mio vasto, non più tentato edifizio. L'assistenza Vostra non poteami a tal'uopo essere né più opportuna, né più proficua, tanto per i lumi bibliografici, che in Voi sì ben campeggiano, per cui, e per gli altri di Numismatica, di Bottanica, e di Antiquaria Sacro-profana, gran comparsa avete Voi fatta, e in Roma, allorché ivi per lungo tempo Vi trovaste in qualità di Procuratore Generale della Vostra inclita Congregazione, e nella nostra Metropoli, quanto per la copia di Libri, di cui abonda codesta Biblioteca aumentata da Voi a segno da gareggiare con altra qualunque siasi Monastica della Toscana. Di questa mia non esagerata asserzione testimoni ne siano tanti illustri Personaggi, che costì a bella posta si recarono, e tutto giorno si portano attirati, e dalla celebrità di codesto Santuario, e dalla fama ovunque già percorsa della portentosa moltiplicità di primigenie rarissime Edizioni conservate con eleganza sino ai tempi nostri, per cui, e ciò detto sia per doveroso titolo di gratitudine, sempre più comprovasi essere stati i Monaci gli unici Conservatori gelosissimi, e fedeli Depositari delle cose più rare, e preziose, le quali hanno poi, dopo il risorgimento delle Lettere, e dei buoni studi, servito a dileguare quella ignoranza, che per più Secoli miseramente invalse, ed ingombrò l'Italia intera, anzi l'Europa tutta. Non vi rechi adunque meraviglia, se V'indirizzo questo mio lavoro, mentre egli ha tutto il diritto di esser da Voi difeso, e protetto, ed onorato del Nome Vostro. Che se l'umiltà Vostra mi vieta di qui porre nel più luminoso veridico aspetto la Vostra prudenza, e la destrezza nel governare, e ben condurre gli economici affari, delle quali deste tante riprove, quanti furono gl'Impieghi a Voi conferiti, non mi toglie però il piacere di rammentar per iscorcio quelle, che date attualmente in codesto Santuario, di cui meritamente per la quarta volta occupate la Suprema Carica, ove mentre attendete a conservare il primigenio rigore Monastico, non tralasciate di farvi amare, e ammirare dai Vostri Sottoposti, alla cui felicità sono unicamente diretti i Vostri pensieri, e le Vostre azioni. Accettate adunque di buon'animo l'offerta di questo mio lavoro, qualunque egli siasi, e consideratelo come un vero contrassegno dell'altissima stima, che nudro pel Vostro merito singolare,

52. Scapecchi, *Inscriptus Catalogo S. Eremi Camalduli*, 38-39.

53. Cfr. Gregorio Cioci, *Memorie di alcuni nostri benemeriti eremiti che fiorirono sul cadere del secolo passato e nella prima metà del corrente; i quali per essersi distinti d'un modo speciale in virtù, in sapere ed ingegno, si resero degni di grata ed onorevole ricordanza*, ASC, Fondo Camaldoli, ms. 40, 15-18; Ciampelli, *Adelelmo Sestini*, 556.

54. Moreni, *Bibliografia storico-ragionata della Toscana,* II, V-VIII.

e come un pegno dell'antica nostra inalterata amicizia, mentre col più profondo rispetto mi dichiaro.

Il Sestini diede un volto nuovo alla biblioteca di Camaldoli;[55] oltre alla campagna di acquisizione di opere di ogni epoca, vi aggiunse la sua personale raccolta numismatica e un museo naturale, che raccoglieva soprattutto reperti fossili. L'impegno del Sestini nel voler introdurre l'erudizione dei confratelli cenobiti nel mondo eremitico camaldolese venne presto vanificato dalla secolarizzazione dei beni ecclesiastici che seguì all'occupazione napoleonica. Testimone della spoliazione che subì Camaldoli e successiva riorganizzazione della biblioteca è il *Catalogus Triplex* del 1854 di Leandro Lepri, compilato su disposizione emanata nel 1849 dalla Congregazione della disciplina dei regolari, presieduta allora dal camaldolese cenobita Ambrogio Bianchi, cardinale presbitero dei santi Andrea e Gregorio al Monte Celio. Il tentativo del Lepri fu quello di fornire un nuovo catalogo della Biblioteca dopo le spoliazioni seguite alla soppressione napoleonica, riportando dove era possibile anche le indicazioni dal catalogo del Sestini che Lepri cita in questo modo: *In Vet. Cat.*, cui fa seguire il numero di pagina.[56] Il *Catalogus triplex* è organizzato per ordine di volume, suddiviso in diciotto Plutei contrassegnati ognuno da un numero romano da I a XVIII; per nome di autore, disposti in ordine alfabetico; e per materie, a loro volta distinte in ordine alfabetico. Tra le opere descritte dal Lepri sono rintracciabili alcune delle acquisizioni del Sestini, e in particolare gli scritti di numismatica, inseriti nel 1797 tra i 221 volumi della Classe S – *De universa re antiquaria scriptores* –, ai quali il Sestini accenna nella lettera che precede il *Museo Sestiniano*. Nel *Catalogus* del Lepri i volumi della Classe S vengono suddivisi tra il *Pluteus* N. XI – *De universa re antiquaria scriptores*, suddiviso in cinque *Gradi* contrassegnati ognuno da una lettera alfabetica dalla A alla E, e il *Pluteus* N. XII – *Antiquaria*, suddiviso in cinque *Gradi* contrassegnati ognuno da una lettera alfabetica dalla A alla E. Complessivamente i due plutei contano 145 titoli, e tra questi 41 opere tra le più note di numismatica e glittica, per molte delle quali il Lepri rimanda al catalogo del 1797, non più esistente.

Gregorio Cioci nel 1859, sei anni dopo il nuovo inventario del Lepri all'Eremo, parlando della biblioteca del monastero scrive che *non manca il Monastero di Camaldoli nemmeno di una discreta Libreria contenente un considerevol numero di Volumi: e questa pur serve per studio e ricreazione dei Monaci.*[57] Lepri

55. Adelelmo Sestini, a fine del diciottesimo secolo, corredò la Biblioteca dell'Eremo di un nuovo catalogo topografico. Due esemplari sono ora nella Biblioteca città di Arezzo (mss. 497 e 500): «il primo è precedente di poco al secondo che a sua volta concorda con quello fino ad ora ignoto» posseduto dalla Biblioteca Rilliana di Poppi dal titolo *Bibliotheca Sacrae Eremi Camaldulensis Librorum descriptio. Ordine quo in Pluteis XX aulae maioris literis alphabeticis distinctis continentur* (1799-1807) (ms. s.s.), cfr. Scapecchi, *Inscriptus Catalogo S. Eremi Camalduli*, 41-42 e n. 51; si vedano anche il catalogo *Manoscritti della Biblioteca città di Arezzo*, 177-179, 187-189, e la base dati https://manus.iccu.sbn.it/cerca-manoscritti/ sotto la voce *Arezzo, Biblioteca città di Arezzo.*

56. Cfr. Lepri, *Catalogus triplex*, ASC, Fondo Camaldoli, ms. 208, c. 22v, dove, ad esempio, è annotato: *In Veter. Cat. pag. 251 n. 15-18*. Le vicende legate alla soppressione napoleonica e unitaria sono ripercorse con ampia documentazione archivistica in Scapecchi, *Inscriptus Catalogo S. Eremi Camalduli*, 45-48.

57. Cioci, *Cenni storici*, 68. Risultano a carico della Libreria del Monastero di Camaldoli spese nel sessennio 1860-1866, cfr. *Registro delle spese* 1860-1866, ASF, Corp. Rel. Soppr. Ita., II

conclude la redazione del catalogo solo nel 1862, alla vigilia della soppressione degli enti religiosi con l'estensione delle leggi eversive piemontesi al nuovo Regno d'Italia,[58] in seguito alle quali molto poco rimase di quanto il Lepri aveva riordinato dopo la secolarizzazione dei beni ecclesiastici che seguì all'occupazione napoleonica. Dei 3800 volumi presenti nella Biblioteca del Sacro Eremo,[59] con la soppressione del 1866 una parte venne trasferita presso la Biblioteca Rilliana di Poppi, una parte fra Arezzo e Firenze, mentre i pochi manoscritti rimasti in sede subirono una ulteriore dispersione nel 1924.[60]

Sulla dispersione del patrimonio bibliografico di Camaldoli nella *Statistica delle biblioteche* del 1894, organo a stampa dell'Ufficio Centrale della Statistica del Ministero di Agricoltura, Industria e Commercio, risulta che:[61]

> AREZZO – Biblioteca della Pia Fraternita dei Laici.
> A partire da questo tempo si accrebbe, nel 1821, col lascito della libreria del Redi e coi doni di altri egregi cittadini; nel 1867 coi libri (circa 2000) dei soppressi Cappuccini, Riformati, Serviti, Francescani, Carmelitani scalzi e con alcuni manoscritti del convento di Camaldoli, benché sino ad ora non le siano stati consegnati quelli dei Cappuccini e dei Riformati, che si trovano tuttora in custodia nelle case soppresse; nel 1882 colla libreria del senatore Enrico Fossombroni. Nel 1883, avendo la Fraternita ceduto il proprio palazzo per uso dei Tribunali, la Biblioteca fu trasportata nel palazzo dei Conti da Montauto, acquistato dalla Fraternita medesima.
>
> POPPI – Biblioteca Comunale.
> Le furono devolute nel 1866 la libreria del monastero di Camaldoli (circa 7500 volumi) e quella dei Cappuccini (circa 700), ed allora prese il nome di Biblioteca Comunale.

serie, 14, *Registro delle spese del monastero di Camaldoli per vitto, libreria, elemosine, spedizioni, muramenti, salari del personale. Presente l'indice delle spese.*

58. «La redazione terminò dopo l'Unità di Italia, quando si preparava già l'estensione delle leggi eversive piemontesi al nuovo Regno. Infatti l'*explicit* del catalogo così indica: *Sacra in Eremo Camaldulensi absolutum opus cum lux aderat festa Dive Scholasticae* [11 II] *1862, ipsa pro nobis*», Scapecchi, *Inscriptus Catalogo S. Eremi Camalduli*, 46.

59. Il Lepri annota che erano presenti ulteriori 500 volumi non rientrati nel *Catalogus* del 1854, Lepri, *Catalogus triplex*, ASC, Fondo Camaldoli, ms. 208, c. IVr.

60. Nel maggio 1924 viene stilato un elenco di opere scomparse dalla Biblioteca del Sacro Eremo, tra cui «La piccola Somma di S. Antonino – in volgare – manoscritto cartaceo del secolo XV; Le Collazioni di Giovanni Cassiano – Incunabolo della fine del '400; Antico messale camaldolese – Manoscritto pergamenaceo, assai voluminoso. Formato in folio [...]. Scrittore è certo D. Consiglio monaco Fontis-Boni il quale scrive l'anno 1240 e rammenta ai tempi futuri le offerte ricevute dai vari abati e priori dell'Ordine per fare quell'opera. Parlano di questo messale, e lo chiamano prezioso, i nostri annalisti; i quali da esso trassero uno strumento di donazione dei Signori di Porciano che si legge verso la fine, e del quale quei Signori provvederono, se ben mi rammento, al mantenimento di un monaco nell'Eremo; Antico Salterio – Manoscritto pergamenaceo, del sec. IX-X-XI, il *B* del *Beatus Vir* (I° Salmo) è miniato; Un *Diurnum secundum Ordinem Camaldulensem* – Manoscritto pergamenaceo: del secolo XV o XVI», *Opere scomparse di recente dalla Biblioteca del S. Eremo*, ASC, Sez. G, Cass. V, Ins. 4. Cfr. Scapecchi, *Lavoro del bibliografo*, 229-231; Roggi, *Biblioteca Rilliana*, 71-222.

61. *Statistica delle biblioteche*, II, 13, 27, 35.

SEZIONE MAGLIABECHIANA
Conventi soppressi.
Provenienze: Angeli, Badia Fiorentina, Badia a Ripoli, Bosco a' Frati, Camaldoli, Carmine, Filippini, Monte Oliveto, Ognissanti, Ricci, SS. Annunziata, S. Agostino sulla Costa, S. Croce, S. Francesco al Borgo, S. Lorenzo, S. Francesco di Fiesole, S. Jacopo oltr'Arno, S. Marco, S. Maria Novella, S. Maria delle Selve, S. Michele a Doccia, S. Pancrazio, S. Paolino, S. Spirito, Vallombrosa. Indice dei manoscritti scelti nelle Biblioteche del Dipartimento dell'Arno dalla Commissione degli oggetti d'arti e scienze, e dalla medesima rilasciati alla pubblica libreria Magliabechiana. Volume 1, manoscritto, in – 4°.

In conseguenza delle soppressioni degli ordini religiosi, la Medicea Laurenziana fu arricchita con opere provenienti dalle librerie claustrali seguenti:

Badia fiorentina – Sant'Annunziata – S. Maria Novella – S. Maria del Carmine – Santa Maria Maggiore – Santa Maria delle Selve – Vallombrosa – Camaldoli – S. Marco – Santo Spirito – S. Paolino – Santa Maria degli Angioli – Ognissanti – Bosco ai Frati – Santa Croce – S. Domenico di Fiesole – Santa Lucia a Signa – Sant'Ambrogio – Monte Oliveto – De' Ricci – San Jacopo oltr'Arno.

Nel discorso tenuto da Giulio Coggiola per l'inaugurazione della nuova sede della Biblioteca di Poppi, trasferita nei locali del castello dei Conti Guidi, il 27 settembre 1914, Coggiola ricordava come

> gioverà solo avvertire che il criterio fondamentale della nuova disposizione è stato quello di separare dall'insieme, e poi raccogliere a parte, i due principali fondi costitutivi della biblioteca, il Rilliano e il Camaldolese, in maniera da rappresentare, anche nella materiale collocazione dei libri, il processo storico di formazione delle raccolte.[62]

L'*Inventario della Biblioteca del S. Eremo di Camaldoli* compilato nel 1934 da Rinaldo Gori[63] è l'unico testimone conservato nell'Archivio Storico di Camaldoli che rappresenti il tentativo di ricostituire una Biblioteca al Sacro Eremo dopo le soppressioni, preceduto da una pianta della Biblioteca, di un decennio anteriore, che presenta una divisione in Plutei compatibile con la suddivisione in materie del Gori,[64] il quale per ogni titolo indica il numero del volume, il numero dello scaffale, il numero del libro. Sono appena tre le edizioni del s. XVI presenti nell'*Inventario* del Gori, 88 quelle del s. XVII, e 358 del s. XVIII, mentre la maggior parte delle opere sono del XIX e XX secolo, catalogate in morale, agiografia e ascetica.[65] L'*Inventario* del Gori viene concluso solo un anno prima che, con la

62. Coggiola, *Biblioteca Comunale di Poppi e la sua nuova sede*, 8.
63. Rinaldo Gori, *Inventario della Biblioteca del S. Eremo di Camaldoli*, a. 1934, ASC, Fondo Camaldoli, ms. 209. Gori viene indicato bibliotecario nell'"Elenco dei Confratelli presenti. Luglio 1935", *Cronaca della Congregazione Camaldolese*, ASC, Fondo Camaldoli, ms. 136, 161.
64. *Huius Bibliothecae Plutei haec operum ... continent* (disposizione all'interno della biblioteca, con schema), ASC, Sez. G, cass. V, ins. 4.
65. Una nota del 7 giugno 1926 riporta la consegna a Camaldoli da parte di don Parisio Ciampelli di alcuni registri appartenuti all'archivio del Monastero assieme alla stampa della *Regula Vitae eremiticae* del 1520: «1° Atti Capitolari dal 1609 al 1634; 2° Atti Capitolari dal 1635-1655; 3° Reg. A Visite; 4° Reg. B Visite; 5° *Regula Vitae eremiticae* stampato a Camaldoli nel 1520», *Elenco dei documenti portati a Camaldoli da don Parisio Ciampelli*, 1926, ASC, Sez. G, cass. V, ins. 4.

costituzione apostolica *Inter religiosus coetus* del 2 luglio 1935, Pio XI disponesse l'annessione della Congregazione dei Monaci Cenobiti Camaldolesi agli Eremiti di Toscana, dando vita alla Congregazione dei Monaci Eremiti Camaldolesi.[66] Con tale unione venne disposto che il materiale librario e archivistico conservato presso il monastero camaldolese romano di San Gregorio al Celio fosse trasferito al Sacro Eremo di Camaldoli, cosa che avvenne nel 1939.

La fonte per la ricostruzione degli eventi che portarono alla riapertura della Biblioteca del Sacro Eremo intitolata ad Ambrogio Traversari nel quinto centenario dalla morte (1439-1939) è la cronaca stesa da Giuseppe Maria Cacciamani, che dopo aver frequentato il corso di Biblioteconomia presso la Biblioteca apostolica Vaticana, venne eletto scriba e bibliotecario il 23 luglio 1939.[67] La prima notizia che si trova della Biblioteca sono i lavori del 15 marzo dello stesso anno: si tratta di una serie di interventi che interessarono la scaffalatura con l'eliminazione dei cassoni[68] che ne costituivano la base, sui quali poggiavano colonne in stile tuscanico,[69] che ne delimitano ancora oggi i Plutei, in vista della sistemazione dei volumi che il primo aprile del 1939 Bernardo Ignesti, Procuratore della Congregazione presso la Santa Sede, trasferì dalla biblioteca del monastero romano di San Gregorio al Celio a Camaldoli, assieme a molte pergamene provenienti dall'archivio di San Michele di Murano.[70] La Biblioteca dell'Eremo venne ufficialmente inaugurata il 14 dicembre 1939, dotata di illuminazione elettrica e di una stufa in cotto per difendere i volumi dall'umidità. Il Cacciamani nella sistemazione del materiale librario già presente, e di quello che Bernardo Ignesti portò da Roma,[71] seguì le *Norme per il catalogo degli stampati edito dalla Biblio-*

L'elenco dei codici e incunaboli presenti presso la villa fattoria "La Mausolea", in località Partina, steso da Bernardo Ignesti (prima del secondo conflitto mondiale), reca la segnatura del *Catalogo C* (1693): i libri vengono oggi conservati alla Biblioteca del Sacro Eremo, cfr. *Elenco dei codici, mss, incunaboli esistenti alla Mausolea*, ASC, Sez. G, cass. V, ins. 4.

66. Cfr. Fornaciari, *I monaci cenobiti camaldolesi dall'Ottocento al Novecento*, 373-379.

67. *Cronaca della Congregazione Camaldolese*, ASC, Fondo Camaldoli, ms. 136, 204, 237.

68. In fase di riordino Leandro Lepri annota a margine del *Pluteus XII – Antiquaria*: «Nelle difficoltà che potrebbero occorrere in questo scaffale a motivo dei molti cassoni etc. m'interpellerà», Lepri, *Catalogus triplex*, ASC, Fondo Camaldoli, ms. 208, c. 44v.

69. «Oggi sono stati incominciati i lavori per risistemare definitivamente le scaffalature della nostra Biblioteca; questo lavoro è stato reso necessario per far posto conveniente ai libri; e per preservare i medesimi dalla umidità e dai topi, i quali si divertivano, bestiacce, a 'leggere i libri con i denti', e per questi motivi è stato tolto il cassone, che serviva come di base agli scaffali e che girava intorno alla scaffalatura», *Cronaca della Congregazione Camaldolese*, ASC, Fondo Camaldoli, ms. 136, 218.

70. «Sono arrivati 1054 libri provenienti della biblioteca della nostra procura in Roma; regalo gentile del Reverendissimo Procuratore don Bernardo Ignesti alla Biblioteca del Sacro Eremo; con i libri sono pure venute moltissime pergamene appartenenti, una volta, all'archivio di S. Michele di Murano», *Cronaca della Congregazione Camaldolese*, ASC, Fondo Camaldoli, ms. 136, 220.

71. «È giusto e doveroso che sia tramandato ai posteri per eterna memoria che se il S. Eremo può vantare ora una ordinata e ricca Biblioteca, ciò si deve al Reverendissimo P. Generale Pierdamiano Buffadini, al quale si deve l'iniziativa, e se il Bibliotecario del tempo ebbe l'agio di frequentare il corso di Biblioteconomia presso la Biblioteca apostolica Vaticana, al Reverendissimo P. D. Bernardo Ignesti (Procuratore), il quale generosamente ha donato una parte rilevante della vecchia e trascurata libreria di S. Gregorio al Celio, e al P. Bibliotecario D. Giuseppe Cacciamani, il quale non ha fatto altro che metterci un po' di pazienza e perseveranza, giusto coronamento dell'opera, i lavori

teca apostolica Vaticana nel 1931, e la dotò di un nuovo schedario, che andò a sostituire la porta di accesso al piccolo deposito dei libri proibiti.[72] Alla sua riapertura la Biblioteca contava 5829 volumi, tra cui i pochi esemplari superstiti dalla soppressione del 1866, quanto rimaneva della biblioteca a stampa e manoscritta del monastero camaldolese di San Michele di Murano a Venezia,[73] sottratti alla soppressione napoleonica dai due confratelli Placido Zurla,[74] futuro cardinale vicario di Roma sotto Leone XII e Gregorio XVI, e Mauro Cappellari, futuro Gregorio XVI.[75] Eletto Mauro Cappellari a vicario generale dell'Ordine nel

di riordinamento durati un anno e due mesi. Una viva raccomandazione ai futuri Bibliotecari: che per amor di Dio non passi loro per la fantasia, la voglia di guastare arbitrariamente ciò che è stato con tanta fatica e spesa compiuto, ma siano diligenti nell'osservare il loro delicatissimo incarico e, quello che importa maggiormente, cerchino di comprendere perfettamente il metodo adottato e così passerà loro la fatale smania di disordinare quello che meticolosamente era stato ordinato. Mentre scrivo (24 Dic.) arriva il reverendissimo P. Procuratore D. Bernardo Ignesti, il quale porta con sé alcune opere per la Biblioteca: gli *Acta Gregorii papae XVI*, la *Sapientia Salomonis Trilinguis*: greco, armeno e latino, e tre volumi di autori greci con testo originale e latino. Per l'incremento del patrimonio librario vedi il "Catalogo delle Accessioni", registro nel quale vengono segnati i libri che si acquistano man mano e indicate le spese per la Biblioteca. In un anno e mezzo (23 luglio 1938-31 dicembre '39) sono state acquistate 73 opere (vol. 91) per l'importo di lire 1171,50», *Cronaca della Congregazione Camaldolese*, ASC, Fondo Camaldoli, ms. 136, 236-237.

72. «Essendo stati ultimati i lavori di riordinamento della Biblioteca del S. Eremo, oggi è stata inaugurata la medesima; il P. Bibliotecario ha illustrato brevemente il metodo seguito, come si usa lo schedario: guida della Biblioteca. I libri sono stati disposti per classifica e catalogati in schede 15 × 9 secondo "Le Norme per catalogo degli stampati", opera curata della Biblioteca apostolica Vaticana. Le schede, al presente, in numero di circa 9000, sono custodite in un apposito mobile o schedario, il quale all'occorrenza potrà contenere ben 50.000 schede; il mobile è distinto in due parti che contengono: 1° Le schede distribuite per autore o alfabeto; 2° Le schede unite secondo la materia o per classifica; ancora è stato curato un catalogo topografico in apposto registro [...]. Totale del materiale librario presente in Biblioteca 24 dic. 1939 / vol. 5829 opere 1821 / + / 278 Volumi di Riviste aperte e / 300 Volumi di Riviste chiuse. / Totale 6396 (6400 in cifra tonda) [...]. È stata anche curata una buona illuminazione elettrica (che prima non c'era) e quindi sono stati messi tre globi di vetro con tubazione in metallo bianco di sicurezza; è stata pure acquistata una grande stufa (a 5 elementi e alta 1,84) di coccio per difendere i libri dalla umidità nel lungo periodo invernale. Ora che la Biblioteca possiede ottime e rare opere e che un buon metodo permette di ritrovare il libro con grande facilità, speriamo che i religiosi sappiano approfittarne a loro vantaggio e anche del prossimo: Amen!», *Cronaca della Congregazione Camaldolese*, ASC, Fondo Camaldoli, ms. 136, 234-236.

73. *Elenco dei libri passati da Murano alla Biblioteca di San Gregorio e ricognizione della Giunta Liquidatrice* (1874), ASC, Sez. A, cass. 21, ins. 6.

74. In calce all'inventario degli oggetti conservati nel monastero veneziano all'indomani della soppressione napoleonica si legge: «Scritto da don Placido Zurla a Roma, poco dopo aver lasciato Venezia». Zurla, che stende l'inventario a Roma nel 1821, annota tra i beni in suo possesso anche circa 4000 libri, elencati nelle sue carte a Roma (Zurla, *Inventario di quanto esiste in Venezia, 4 maggio 1818*, ASC, Sez. G, cass. 65, ins. 3).

75. Dei codici presenti nella Biblioteca di San Michele esiste anche un catalogo stilato da Mauro Cappellari, ASC, Sez. G, cass. 65, ins. 3. Mentre quello che è stato per tempo indicato come l'Inventario dei codici del Cappellari, ovvero la sua collezione privata, risulta essere l'inventario dei codici, novantotto in tutto, che il Cappellari portò con sé da San Michele di Murano al momento delle soppressioni. Molti di quei codici dal 1970 sono conservati nell'Archivio storico di Camaldoli nel più ampio Fondo di San Michele di Murano (*Bibliotheca codicum* di Giovanni Benedetto Mittarelli) e San Michele di Murano Nuovo (*Appendix prima. Bibliotheca codicum* di Fortunato Mandelli), altri alla Biblioteca apostolica Vaticana e alla Columbia University Library, altri ancora risultano dispersi, cfr. *Codici del Cappellari,* ASC, Sez. A, cass. 2, ins. 4.

1823, si ha notizia l'anno seguente della commissione, da parte del monaco camaldolese, di una *Libreria piccola* presso il monastero romano di San Gregorio al Monte Celio, per la quale impegnò cinquanta scudi d'argento.[76] Per molto tempo si è pensato ad una sistemazione dei libri ad uso personale, una consuetudine osservata dagli abati del cenobio muranese da dove proveniva. Gran parte dei volumi a stampa posseduti dal Cappellari portano gli *ex libris* degli abati di San Michele di Murano – Giovanni Benedetto Mittarelli, Anselmo Costadoni, Angelo Calogerà e Antonio Corner, figlio del senatore Flaminio –, mentre i manoscritti recano la segnatura dell'inventario steso da Mittarelli e proseguito dal confratello Fortunato Mandelli.[77] *Il rapimento delle Librerie, e degl'Archivi* del monastero di San Michele di Murano ebbe inizio nel 1806 sotto il governo napoleonico, quando vennero apposti i sigilli alle stanze adibite a Libreria,[78] e rimossi nell'agosto dello stesso anno,[79] grazie ai ripetuti appelli dell'allora abate di San Michele Ludovico Nachi.[80] Con la riapertura della Biblioteca, numerosi furono i richiami

76. «Conto de' lavori alla Libreria piccola del Monastero di S. Gregorio a Monte Celio; ordinati dal Reverendo Padre Abate Cappellari nel mese di settembre 1824. Composta di piedi intelarati, sponde impiedi, tramezzi pilastri, basa, collarino, e cornicione tinta color di noce lustrata con fascette alli tramezzi in tutto spesa del Mastro. 50. Io sotto scritto ho ricevuto scudi quaranta cinque pe' saldo della picola libreria da parte Reverendisimo Capelari, in fede dì 10 marzo 1825. 45. Giuseppe Cassetta», ASC, sez. J, cass. 4, ins. 1.

77. Si tratta della *Bibliotheca codicum manuscriptorum* del Mittarelli pubblicata postuma, con l'appendice relativa agli incunaboli appena abbozzata (Venezia 1779), i cui autografi sono conservati presso l'Archivio Storico di Camaldoli (ASC, SMM Nuovo, 1330-1331), e il catalogo alfabetico delle opere a stampa in 13 volumi steso da Fortunato Mandelli negli anni Ottanta del '700, oggi perduti. Se Mittarelli nella *Bibliotheca codicum manuscriptorum* descrisse 1212 codici e 668 incunaboli, Mandelli nell'*Appendix*, ultimata nel giugno 1789, ne registrava 2112 e 1203 incunaboli. Cfr. Barzazi, *Mandelli*, 559-562

78. «Venezia ai 2 luglio 1806. Il Direttore del Demanio, e Diritti uniti del Dipartimento dell'Adriatico. Al Padre Abbate di S. Michiel di Murano. Dovendosi in obbedienza ad ordini Superiori conformarsi il catalogo dei libri componenti la Libreria di cotesto Monastero, la prevengo, Reverendissimo Padre Abbate, che resta incaricato il Signor Commissario Domenico Stefani di apporre i sigilli sulla Libreria medesima fino a nuova disposizione. Assicuro Vostra Paternità Reverendissima della mia distinta considerazione», ASC, sez. G, cass. 65, ins. 4.

79. «N. 9278. Regno d'Italia. Venezia lì 4 agosto 1806. Il Direttore del Demanio, e Diritti uniti del Dipartimento dell'Adriatico. Al Padre Abate del Monastero di S. Michele di Murano. Dietro costituto da Lei, Padre Abate, presentato a questo Protocollo d'Ufficio il giorno 3 corrente, col quale si impegna formalmente, ed analogamente alla massima del superiore dispaccio della Regia Direzione Generale del Demanio e Diritti uniti in data 9 luglio *corrente anno* n. 6160, di sopravegliare, e di esattamente conservare i libri rari, che di merito e scarti attualmente esistenti nella libreria di cotesto monastero, senza mai permettere, che di nessun d'essi libri, né da chi si sia possa venir fatto asporto fuori dal predetto monastero, io l'autorizzo a levare i sigilli, ed aprire la libreria medesima onde servire ad uso di studio ai suoi religiosi e posti in stato di contribuire con sempre maggiore utilità all'educazione della gioventù, che tanto interessa i paterni sentimenti di Sua Altezza Imperiale il Principe Vice-Re. Ho il piacere, Padre Abate, di raffermarle la mia vera e distinta considerazione. Giovanni Caniani», ASC, sez. G, cass. 65, ins. 4.

80. Ludovico Nachi venne eletto abate di San Michele nel 1806 (1741-1810), cfr. Mazzucotelli, *La consuetudine allo studio delle scienze*, 627-630. Nachi protesta contro l'apposizione di nuovi sigilli alla Biblioteca e all'Archivio a motivo del nuovo inventario, impedendo ai membri della comunità e a quelli del Collegio, aperto all'interno del monastero, di usufruirne per gli studi: «Presentata li 19 luglio 1806. Al Signor Magistrato Civile. Supplica. Del Padre Abate di Governo del monastero di S. Michele di Murano. Con cui esposta la rimessa del Monastero nel primo suo Stato

dell'autorità indirizzati all'attenzione dell'abate e del superiore del monastero di San Michele, affinché non venisse sottratto materiale librario e antiquario, invitandoli a controllare lo stato di conservazione della collezione naturalistica e numismatica, dei cui inventari era già venuta in possesso.[81] Nelle proprie memorie

riguardo i Beni, la Libreria, l'Archivio col ritiro dell'apposito sigillo, perché con spezioso Decreto eccepito dalla general legge dell'avvocazione de' Beni al Regio Demanio ed esposta la rinnovazione del sigillo alla Libreria, ed all'Archivio per l'operazione entro indicata, sigillo che porta sommi pregiudizi al Monastero stesso per le ragioni entro accennate. Implora quella sollecita Provvidenza, che Crederà opportuna, onde li monaci senza sospensione possano accrescer li propri lumi, educar la Gioventù, ed amministrar li propri Beni, etc. ut intus», ASC, sez. G, cass. 65, ins. 4. Non ascoltato dal Magistrato Civile, il Nachi si rivolse direttamente al Viceré: «A Sua Altezza Imperiale Vice Re d'Italia, e Principe di Venezia, etc. etc. Il P.D. Lodovico Nachi Abate di S. Michel di Murano e Provinciale supplicante per il riaprimento della Libreria. Altezza Imperiale. Effetto della singolare grazia dell'Altezza Vostra Imperiale, con la quale con decreto 21 Giugno venne sospesa l'avvocazione de beni de Monaci Camaldolesi di Murano, fu il riaprimento delle Loro Librerie, e degl'Archivi, che erano chiusi fin dai 4 Aprile antecedente. Ma ben presto, restando il suddetto spezioso Decreto in tutto il suo vigore, vennero di nuovo suggellati, e destinata fu dal Reggio Demanio persona ecclesiastica a dover conformare il catalogo con indicibile mortificazione de' miei Religiosi. Avvanzai supplica al Regio Prefetto, che la passò al Regio Demanio, per il Libero uso indispensabile in quanto alla Biblioteca a persone dedite agli studi e per genio, e per impegno d'opere incominciate, e per dovere dell'istruzione della Gioventù in formale Collegio raccolta in questo Monasterio di S. Michele, e in quanto all'Archivio indispensabile per l'amministrazione de' beni, offerendomi pronto ad eseguire quanto il Governo avesse creduto necessario alle mire de' comandati Cataloghi. Non essendo state esaudite le mie suppliche da essi Regi Magistrati, ma continuandosi tuttavia dopo il corso di 7 mesi a tenerle chiuse, ricorro alla Suprema Autorità dell'Altezza Vostra Imperiale assoggettandomi a quelle condizioni che la Clemenza Vostra vorrà allegare alla Grazia che supplichevole imploro della sollecita riapertura della Libreria. Che della Grazia ... D. Lodovico Nachi Abate di S. Michel di Murano e Provinciale», ASC, sez. G, cass. 65, ins. 4. A questa particolare situazione va riportato l'accidentale rimozione dei sigilli alla Libreria per mano degli operai che lavoravano alla manutenzione della cappella Emiliani adiacente al monastero di San Michele: «6 settembre 1806. S. Michele di Murano. Mi do dovere di subito partecipare alla Vostra Eccellenza come nella giornata di ieri di dopo pranzo fu tolto il sigillo della nostra Biblioteca da alcuni lavoranti margariteri che attualmente sono al servigio del Signor Pietro Domenico Miani Margariter nel palazzo Celsi a S. Ternita. Questo è quello che potei rilevare da un nostro converso, fra Girolamo, che attualmente ritrovasi a letto febricitante», ASC, sez. G, cass. 65, ins. 5. Si conserva anche la copia del ricorso presentato dai Padri camaldolesi perché si provvedesse al restauro della cappella Miani o Emiliani: «N.7471/1031. 17 mag. Un ricorso dei Padri Camaldolesi di S. Michele di Murano perché fosse proveduto alla rovina, che veniva cagionata alla cappella Miani aderente alla lor chiesa dal continuo sbattimento delle acque, diede motivo, che venisse al Governo rappresentato, che non solo la detta cappella, ma tutta l'Isola è fatalmente minacciata dalla violenza dell'onde a modo che viene ad esser interessata nell'implorato riparo l'esistenza della totalità di quel circondario, ed il dannoso imbonimento della laguna. Ciò posto, trova di necessità il Governo di officiosamente rivolgersi alla Regia Commissione all'acque, onde ella voglia disporre coi metodi da essa soliti praticarsi che vengano apposti con sollecitudine gli occorrenti ripari a' suaccennati oggetti, amettendo a suo tempo del dispendio, che per l'effettuazione dell'opera sarà stato necessario, il quale verrà appostato a ragguagliare il debito respettivo della Commissione Miani per la Cappella, e della Regia Camera per l'Isola. Comunemente alla Commissione Regia all'acque», ASC, sez. G, cass. 65, ins. 5.

81. «N. 2849. Regno d'Italia. Venezia dì 31 agosto 1806. Il Direttor del Demanio, e Diritti uniti del Dipartimento dell'Adriatico. Al Padre Abbate di S. Michiel di Murano. A lumi di questa Direzione devo pregarla, Padre Abate, a rendermi informato in quale stato si trovi una collezione di storia naturale esistente in cotesto suo monastero, e della quale trovasi la dettagliata descrizione in apposito catalogo. Mentre ella si darà pure il merito d'accennarmi la condizione in cui trovansi presentemente le medaglie, ed antichità del Padre Mandelli, e le stampe sciolte, e legate secondo

Ludovico Nachi di fatto nega l'importanza della collezione naturalistica e numismatica,[82] tacendo qualsiasi riferimento all'inventario delle collezioni antiquarie di Mandelli e alla descrizione di Mittarelli della collezione di stampe sciolte e legate in volume.

La collezione naturalistica compare nell'inventario stilato da Placido Zurla al suo rientro a Roma, indicando le persone alle quali furono affidati alcuni beni di San Michele. A don Giuliano Catullo della parrocchia di Sant'Andrea della Zirada di Venezia vennero affidati i reliquiari, tra i quali figura la stauroteca di San Michele, oggi conservata presso il monastero di Fonte Avellana (Pesaro-Urbino), e due putti in argento raffiguranti i Santi Innocenti, uno dei quali è oggi conservato presso il deposito della sacrestia della chiesa dei Santi Andrea e Gregorio al Monte Celio. A Giovanni Zeno e a suo figlio Antonio vennero affidati oggetti di sacrestia, parte del mobilio del monastero, e gli otto armadi del museo naturale, oggi perduti, di cui il Demanio chiese conto nel 1806. Sempre presso gli Zeno vennero portati 4000 volumi tra manoscritti e libri a stampa sottratti dalla Biblioteca del cenobio muranese.[83] In questo ebbe un ruolo anche Mauro Cappellari, che trasferitosi nel monastero romano di San Romualdo nel 1795, rientrò a San Michele nel 1808. Con la soppressione dell'Ordine e l'ingiunzione di lasciare i locali del monastero il 15 maggio 1810,[84] i beni, compresi quelli librari e antiquari, passarono alla Regia Direzione Generale del Demanio e Diritti uniti del

il catalogo del Padre Mittarelli. L'assicuro, Padre Abate, de' più ingenui sentimenti di mia distinta considerazione», ASC, sez. G, cass. 65, ins. 4.

82. «Tra le altre buone grazie praticateci del prete inventarista de' libri fu l'accenno al demanio che non vi erano i libri descritti nel catalogo fatto stampare dal Padre Abate Mittarelli, che in monastero deve essere un gabinetto di fisica ed una raccolta di medaglie. Ricercato di questi capi dal Signor Direttore del Demanio, con lettera 21 agosto risposi che nel catalogo Mittarelli erano notati promiscuamente i codici mss. del monastero di S. Mattia di Murano, de' quali io non poteva render conto; che quelli che sono di questo monastero scritturati o trasportati nella triplice visita fatta altra volta dai Francesi erano in essere; che la miserabile collezione di cose naturali era stata lasciata da un monaco, che si era secolarizzato, il quale poteva ripeterlo quando volesse; che il museo imperfetto delle medaglie, niuna delle quali era d'oro o di argento, era passata da un monaco particolare ora defunto ad un altro (infatti prima di queste rivoluzioni io l'avevo consegnato al P. Lettore Zurla), né mai più fu fatto altro cenno», ASC, sez. G, cass. 65, ins. 6, c. 4rv.

83. Placido Zurla stese un inventario di oggetti provenienti da Venezia poco dopo il suo rientro a Roma, nel quale indica a chi furono affidati i beni: «Inventario di quanto esiste in Venezia. Presso D. Giuliano Catullo a S. Andrea, 4 maggio 1818. La reliquia della Santa Croce di San Michele di Murano; due piccoli putti d'argento delle reliquie dei Santi Innocenti [...]. Presso il Signor Giovanni Zen e Antonio suo figlio a S. Stin [...], Museo di Storia naturale in 8 armadi [...], Libri manoscritti e stampati circa 4000, molti dei quali sono nell'indice tra le mie carte qui in Roma», ASC, sez. G, cass. 65, ins. 5. Per la stauroteca di San Michele Zurla fece realizzare una cappella apposita accanto all'abside della chiesa monastica di Fonte Avellana (Pesaro-Urbino).

84. «N. 9566. Regno d'Italia. Venezia 15 maggio 1810. Il Prefetto del Dipartimento dell'Adriatico. Al superiore del convento di S. Michele di Murano. A completa esecuzione del Regio Decreto 25 aprile del corrente, devo prevenirla, ed incaricarla di prevenire tutti gli individui esistenti in questo convento, che il termine ultimo concesso dal Governo a tutti li Religiosi per deporre l'abito, e qualunque distintivo dell'Ordine, a cui appartenevano, e che in ora è soppresso, e per sortire da questo locale è di giorni venti decorribili dal giorno 12 del corrente, in cui fu il citato Regio Decreto pubblicato, invitandoli ad esattamente uniformarsi. Ho il piacere di essere con stima. Per imp. del Signor Prefetto», ASC, sez. G, cass. 65, ins. 5.

Dipartimento dell'Adriatico.[85] Inoltre tra i libri a stampa provenienti da Roma ve ne sono anche molti appartenuti alla Biblioteca di San Gregorio al Celio, in particolare quelli donati dal Cappellari durante il pontificato, come appare dal confronto tra gli *Indices voluminum et miscellanearum, quae munificientia S. M. Gregorio P.P. XVI in hac Gregoriana Bibliotheca inveniuntur*, compilati dopo la morte del pontefice nel 1846, e il catalogo alfabetico della Biblioteca di San Gregorio al Celio redatto nel 1906 da Alberico Pagnani.[86]

85. Per i luoghi di destinazione del materiale librario di San Michele di Murano cfr. Campana, *Manoscritti e incunaboli delle biblioteche camaldolesi verso la Marciana*, 222-227; Lucchi, *Da San Michele alla Biblioteca del Museo Correr*, 240-250.

86. Cfr. Cortoni, *Gregorio XVI e l'accrescimento della* Bibliotheca Gregoriana, 67-76.

1

Inc. 1

Composito di due sezioni

Cc. II, 270, II'; sul contropiatto anteriore il numero manoscritto *CCLXXXVI*, apposto a fine Settecento da Adelelmo Sestini, Padre Maggiore al Sacro Eremo di Camaldoli negli anni 1795-1799 e 1803-1807, al di sotto, su un cartellino cartaceo a stampa (s. XVIII), un'altra numerazione in parte abrasa di cui si legge *V.* [...] *4*; a c. aa2r = 1r, nel margine superiore nota di possesso *Sacrae Camaldulensis Eremi* (s. XVI), segue la segnatura "a triangolo" del catalogo di Odoardo Baroncini (1655-1741) *Inscriptus Catalogo E V 8.* Legatura antica consolidata con il restauro (324 × 213 × 58 su 308 × 200 × 43) in mezza pelle marrone su assi, decorata con riquadri e losanghe e altri motivi ornamentali impressi a secco, tre nervi doppi, capitelli in filo giallo, anima in pelle, dorso rivestito di pelle marrone spruzzata di nero e recante un tassello di pelle rossa con il nome dei due autori, il titolo della seconda opera, il luogo e gli anni di stampa impressi in oro; sui margini esterni dei piatti due fermagli di restauro a chiusura del volume, sul piatto anteriore in alto e in basso restano i residui di due fermagli perduti, sul taglio davanti autori e titoli manoscritti *Alphonsus super primum* e *Quodlibeta Hervei* (s. XVI); guardie cartacee costituite da un bifolio sciolto anteriore e uno posteriore, frammenti membranacei a rinforzo del dorso da manoscritti in scrittura libraria (s. XIV). L'esemplare, restaurato nel 2006/2007, si presenta in discreto stato di conservazione.

I (cc. 1-174)

1490 ottobre 31, Venezia, Paganino Paganini

Bibliografia dell'edizione: BMC, V 455; BSB-Ink, A-455; CIBN, A-284; Döring-Fuchs, *Inkunabeln*, A-169; Goff, *Incunabula*, V-91; Günt (L), 3485; **GW, M49431**; Hain, *Repertorium*, 876*; Hillard, *Mazarine*, 2043; IBE, 5994; IBP, 5527; IBPort, 1828; IDL, 4576; IGI, 406; *Incunaboli a Cesena*, 204; *Incunaboli a Siracusa*, 20; **ISTC, iv00091000**; Kotvan, *Inkunábuly*, 1199; Lökkös, *Genève*, 19; Maignien, *Grenoble*, 32; Martín Abad, *Catálogo*, V-23; Mendes, *Catálogo*, 1317; Mittarelli, *Bibliotheca codicum manuscriptorum*, App., coll. 13-14, 448; Musco, *Circolazione libraria*, 194; Oates, *Cambridge*, 2025; Ohly-Sack, *Frankfurt am Main*, 2891; Pell, 566; Polain,

Catalogue, 161; Proctor, *Index*, 5166; Sack, *Freiburg*, 3630, 3631; Scapecchi, *Firenze*, 2915; Voull (B), 4268; Voull, *Trier*, 2127; Zehnacker, *Alsace (Bas Rhin)*, 134.

Bibliografia dell'esemplare: Scapecchi, *Camaldoli*, 125 nr. 1.

Alfonso de Vargas y Toledo, *Lectura super primo Sententiarum*, a cura di Tommaso da Spilimbergo (cc. a1ra-x5rb = 9ra-173rb)

Precedono la lettera di dedica di Tommaso da Spilimbergo ad Anselmo da Montefalco, priore generale degli Eremitani di sant'Agostino (c. aa1va-b = 1va-b), un epigramma in quattro distici elegiaci di Pietro Leoni (*alias* Cinzio da Ceneda): *Augustine, tuae sophiae spes inclyta Thoma / Spilimbergeae charus alumnus aquae / haec Alphonsae ilustrat monumenta recessus, / quae fuerant longo debilitata situ. / Qui Grais olim quantum Doddona Molossis, / Romanae tantum consulit Ecclesiae. / Dextra Paganini Venetaque impressit in urbe, / qua nihil in toto clarius orbe vides* (c. aa1vb = 1vb), la tavola (cc. aa2ra-aa8va = 2ra-8va), un epigramma in otto distici elegiaci di Giovanni Pietro (*Giano Pirro*) Pincio in lode dell'autore, inc. *Hic est sacrarum recto qui tramite rerum / nos docet extracto cortice vera sequi* (c. aa8vb = 8vb), un epigramma in tre distici elegiaci dello stesso Pincio in lode del curatore: *Ignotum vetus ante dabat me carta legendum / scriptorumque mihi plurimus error erat. / Verum Augustini semper memorandus alumnus, / quem Spelimberghi dat pia terra, Thomas, / de procul erratis docte renotavit ademptis, / impressit iustum sed Paganinus opus* (c. aa8vb = 8vb) e il prologo (cc. a1ra-e3vb = 9ra-43vb)

Seguono il *colophon* (c. x5rb = 173rb) e il registro (c. x5v = 173v)

(c. x5rb = 173rb) *Explicit lectura super primo Sententiarum edita a subtilissimo theologorum monarcha fratre Alphonso de Toleto ordinis Hermitarum beatissimi Augustini, sacre pagine luculentissimo professore, necnon archiepiscopo Hyspalensi, qui legit Parisius anno Domini 1345. Opus quoque lecture istius Paganinus de Paganinis anno salutis 1490, pridie calendas novembris, impensis suis non minimis, cura atque sua diligentissima impressione complevit Venetiis. Laus Deo.*

Cc. 174; in 2°; 301 × 202 = 25 [227] 49 × 26 [65] (7) [65] 39, ll. 68 (c. c4r = 28r); aa^8, $a\text{-}v^8$, x^6 = $1\text{-}21^8$, 22^6; usu. t:na doon fldi (C) 1490 (A); got.; spazi riservati per le iniziali talvolta con lettere guida, *incipit* del prologo rubricato; alcune note di lettura alle cc. t4rv = 156rv, x1r = 169r. Non impressa la c. x6 = 174.

II (cc. 175-270)

1486 luglio 11, Venezia, Reynald van Nijmegen

Bibliografia dell'edizione: BMC, V 258; BSB- Ink, H-223; Copinger, *Supplement*, 8530*; Di Viesti, *Teresiana*, 211 nr. 529; Goff, *Incunabula*, H-133; Günt (L), 3620; **GW, 12392**; Hubay, *Augsburg*, 1037; Hubay, *Eichstätt*, 488; IBE, 2890; IBP, 2768; IDL, 2277; IGI, 4723; *Incunaboli dei frati Minori di Firenze*, 254; **ISTC, ih00133000**; Mittler - Kind, *Göttingen*, 2240; Ohly - Sack, *Frankfut am Main*, 1450-1452; Pesteil-Lota, *Corse*, 14; Polain, *Catalogue*, 1919; Proctor, *Index*,

4447; Sack, *Freiburg*, 1823; Sajó - Soltész, *Catalogus*, 1673; Scapecchi, *Firenze*, 1367; Schlechter - Ries, *Heidelberg*, 907; Voull (B), 3827; Voull, *Trier*, 1896; Zehnacker, *Alsace (Bas Rhin)*, 1147.

Bibliografia dell'esemplare: Scapecchi, *Camaldoli*, 127 nr. 18.

Hervé de Nédellec, *Quattuor quodlibeta*, a cura di Benedetto da Udine (cc. a1ra-o7vb = 181ra-269vb)

Precedono due tavole, la prima secondo l'ordine dei *Quodlibeta* (cc. 1va-3rb = 175va-177rb), la seconda in ordine alfabetico degli argomenti (cc. 3va-6vb = 177va-180vb) e la prefazione di Benedetto da Udine al lettore (c. a1ra = 181ra)

Seguono il *colophon* e il registro (c. o7vb = 269vb)

(c. o7v = 269vb) *Hervei Natalis Britonis magistri in theologia ordinis Predicatorum quolibetum quartum finit feliciter. Impressa sunt hec quolibeta Venetiis per magistrum Raynaldum de Novimagio Theotonicum sub anno Domini MCCCCLXXXVI, die vero XI mensis iulii summa cum diligentia completa.*

Cc. 96; in 2°; 300 × 204 = 32 [220] 48 ×19 [69] (8) [68] 40, ll. 74 (c. c1r = 195r); $[\pi]^6$, a^8, b-m^6, n-o^8 = 1^6, 2^8, 3-13^6, 14-15^8, la seconda e la terza carta del fascicolo iniziale sono segnate *2* e *3*; oiar i.i. sitm hqsi (C) 1486 (R); got.; spazi riservati per le iniziali con alcune lettere guida. Non impressa la c. o8 = 270.

Tav. I

2

Inc. 2

Composito di due sezioni

Cc. II, 348, II'; sul contropiatto anteriore il numero manoscritto *CCXXIX*, apposto a fine Settecento da Adelelmo Sestini, Padre Maggiore al Sacro Eremo di Camaldoli negli anni 1795-1799 e 1803-1807; a c. Ir prove di penna e la nota + *adì 26 de* [...] *frate Alselmo* (sic) *vene a l'ermo e adì III di febraio piaque a*[...] *Dio che questi reverendi pradri mi dettono l'abito i di IIII dia*[?], a c. I'r *Franciscus* (s. XVI), a c. [π]2r = 2r la segnatura "a triangolo" del catalogo di Odoardo Baroncini (1655-1741) *Inscriptus Catalogo Sacrae Eremi Camalduli IV C 6.* Legatura antica (288 × 204 × 90 su 273 × 197 ×70) in mezza pelle marrone su assi, tre nervi doppi, capitelli in filo, anima in pelle, dorso rivestito di pelle marrone spruzzata di nero e recante un tassello di pelle rossa con il nome dei due autori, i titoli, il luogo e l'anno di stampa dell'opera contenuta nella prima sezione impressi in oro; sui margini esterni del piatto anteriore tracce di quattro fermagli, su quello posteriore residui dei chiodini sul taglio laterale, sul bordo esterno del piatto anteriore, dove si doveva trovare il gancio superiore, resti di *textualis* libraria con tocchi di rosso; il piatto anteriore e il dorso sono completamente staccati e recano fra i nervi frammenti membranacei in corsiva (s. XIV/XV) con elenchi di nomi tra cui si distingue *Iohannes*; sul taglio davanti i nomi degli autori Cipriano e Anselmo; guardie cartacee.

I (cc. 1-166)

1483 dicembre 4, Venezia, Luca di Domenico Manenti

Bibliografia dell'edizione: Aquilon, *Région Centre*, 247; BMC, V 281; Bod-inc, C-504; BSB-Ink, C-727; Coll (S), 347; Di Viesti, *Teresiana*, 404; Döring - Fuchs, *Inkunabeln*, C-344, C-345; Dotto, *Palermo*, 318; Fernillot, *Sorbonne*, 207; Goff, *Incunabula*, C-1013; Gspan - Badalić, *Inkunabule v. Sloveniji*, 229; Günt (L), 3191; **GW, 7885**; Hain, *Repertorium*, 5898*; Hausbergher - Groff, *Trento*, 162; Hillard, *Mazarine*, 701; IBE, 1687; IBP, 1821; IGI, 3297; *Incunaboli ad Agrigento I*, 1.I; *Incunaboli a Ragusa*, 73; **ISTC, ic01013000**; Kotvan, *Inkunábuly*, 429; Li Calsi, *Palermo*, 338; Madsen, *Katalog*, 1316; Martín Abad, *Catálogo*, C-204; Mittarelli, *Bibliotheca codicum manuscriptorum*, App., coll. 133-134; Neveu, *Haute-Normandie*, 209; Parguez, *Rhône-Alpes*, 368; Pell, 4078; Polain, *Catalogue*, 1210; Proctor, *Index*, 4497; Rhodes, *Oxford*, 648; Sajó - Soltész, *Catalogus*, 1127; Scapecchi, *Firenze*, 989; Sheppard, *Catalogue*, 3654; SI, 1277; Voull (B), 3847,7; Walsh, *Harvard*, 1797; Wilhelmi, *Greifswald*, 639-700.
Bibliografia dell'esemplare: Scapecchi, *Camaldoli*, 126 nr. 11.

Cipriano, *Opera*, a cura di Cristoforo de' Prioli (cc. a2r-B6v = 7r-164v)

Epistolae (Diercks, *Cypriani episcopi Epistularium*, 60, 57, 59, 67, 13, 69, 1-11, 65, 43, 1, 2, 4, 70, 72; cc. a1r-d1v = 7r-27v)

Ad Donatum (cc. d1v-d4v = 27v-30v)

Contra Demetrianum (cc. d4v-e4r = 30v-36r)

De elemosyna ad pietatis et misericordiae opera invitans (cc. e4r-f3v = 36r-41v)

Ad Fortunatum de exhortatione martyrii (cc. 3fv-g4v = 41v-48v)

De zelo et livore (cc. g4v-h1v = 48v-51v)

De bono patientiae (cc. h1v-h6r = 51v-56r)

*De mortalitat*e (cc. h6r-i4v = 56r-60v)

De habitu virginum (cc. i4v-k3v = 60v-65v)

Epistolae (63, 37, 38, 10; cc. k3v-l4r = 65v-72r)

Adversus Novatianum scismaticum (cc. l4r-m4r = 72r-78r)

De lapsis (cc. m4r-n5r = 78r-85r)

De oratione dominica (cc. n5r-o6r = 85r-92r)

Epistolae (30, 52, 47, 45, 44, 51, 61, 46, 54, 32, 20, 12, 78, 64, 3, 14, 49-50, 68, 53, 16, 15, 17-19, 26, 25, 9, 29, 56, 7, 76; cc. o6r-s1v = 92r-111v)

Pseudo-Cipriano, *Quod idola dii non sint* (cc. s1v-s4r = 111v-114r)

De singularitate clericorum (cc. s4r-u6r = 114r-128r)

Adversus Iudaeos de montibus Syna et Syon (cc. u6r-x3v = 128r-131v)

Cipriano, *Epistolae* (6, 55, 28, 11, 39, 58, 69, 12-17, 48, 66, 40; cc. x3v-et2r = 131v-148r)

Ad Quirinum (cc. et2r-B4r = 148r-162r)

Pseudo-Cipriano, *Revelatio capitis beati Iohannis Baptistae* (cc. B4r-B6v = 162r-164v)

Precedono la lettera di dedica di Cristoforo de' Prioli a Iacopo Grasolari (cc. [π]2r-[π]3v = 2r-3v), la tavola (cc. [π]4r-[π]6r = 4r-6r), un estratto dal cap. LXVII del *De viris illustribus* di Girolamo e un estratto dal libro V delle *Divinae Institutiones* di Lattanzio (c. [π]6v = 6v)

Seguono il *colophon* (c. B6v = 164v) e il registro (c. B7r = 165r)

(c. B6v = 164v) *Divi Caecilii Cypriani viri sanctissimi et eloquentissimi Epistolas exactissime recognitas Lucas Venetus Dominici filius solita diligentia impressit Venetiis anno salutis MCCCCLXXXIII, pridie nonas decembris. Finis.*

Cc. 166; in 2°; 267 ×196 = 23 [206] 38 × 22 [136] 38, ll. 38 (c. a3r = 9r); [π]^{6}, a^{8}, b-z^{6}, et^{6}, A^{6}, B^{8} = 1^{6}, 2^{8}, 3-26^{6}, 27^{8}; deo. a.i. hona moCu (C) 1483 (R); rom.; cartulazione manoscritta in cifre arabiche da 1 a 166; spazi riservati per le iniziali; numerose note manoscritte (s. XVI), segni d'attenzione e *maniculae* alle cc. b2r = 16r, b3r = 17r, d3v = 29v, g5v = 49v, h1rv = 51rv. Non impressa la c. B8 = 166.

II (cc. 167-348)

[1497-1500 circa, Strassburg, tipografo delle opere di Jordan von Quedlinburg, identificabile con Georg Husner, oppure delle opere di Felix Hemmerlin (*Malleolus*), identificabile forse con Wilhelm Schaffner]

Bibliografia dell'edizione: BMC, I 172; Bod-inc, A-305; Borm, *Wolfenbüttel,* 162; BSB-Ink, A-555; CIBN, A-406; Döring-Fuchs, A-214; Ernst, *Hildesheim*, II, IV 1; Goff, *Incunabula*, A-760; Günt (L), 2965; **GW, 2034**; Hain, *Repertorium*, 1135*; Hummel - Wilhelmi, *Rottenburg-Stuttgart*, 49; IBE, 387; IBPort, 115; IDL, 321; IGI, 595; IJL2, 20; **ISTC, ia00761300**; Madsen, *Katalog*, 219; Mendes, *Catálogo*, 95; Mittler - Kind, *Göttingen*, 1886; Nentwig, *Braunschweig*, 22; Neveu, *Haute-Normandie*, 32; Pad-Ink, 35; Pell, 798; Polain, *Catalogue*, 229; Proctor, *Index*, 779; Rhodes, *Oxford*, 101; Richard, *Poitou-Charente*, 38; Sack, *Freiburg*, 204; Sheppard, *Catalogue*, 570-571; Voull (B), 2559; Voull, *Trier*, 1609.
Bibliografia dell'esemplare: Scapecchi, *Camaldoli*, 125 nr. 2.

Anselmo d'Aosta, *Opuscula* (cc. Bb8va-D8r b = 182va-348rb)
Precedono il titolo (c. Aa1r = 167r), la tavola delle opere (c. Aa1v = 167v) e l'indice alfabetico degli argomenti (cc. Aa2ra-Bb8rb = 168ra-182rb)

Cur Deus homo (cc. b1ra-d5vb = 183ra-199vb), precedono il prologo e i capitoli (c. Bb5va-b = 182va-b)

De incarnatione verbi (cc. d6ra-e5vb = 200ra-205vb), precedono il prologo e i capitoli (cc. d5vb-d6ra = 199vb-200ra)

De conceptu virginali et peccato originali (cc. e6ra-g2rb = 206ra-214rb), precedono i capitoli (cc. e5vb-e6ra = 205vb-206ra)

Proslogion (cc. g2vb-g6vb = 214vb-218vb), precedono il prologo e i capitoli (c. g2rb-vb = 214rb-vb)

Monologion (cc. h2ra-k4rb = 220ra-234rb), precedono il prologo e i capitoli (cc. g6vb-h2ra = 218vb-220ra)

De processione Spiritus Sancti contra Grecos (cc. k4rb-m1ra = 234rb-243-ra)

De casu diaboli (cc. m1va-n4ra = 243va-252ra), precedono i capitoli (c. m1ra-va = 243ra-va)

Pseudo-Anselmo d'Aosta [attribuito a Gaunilone di Marmoutier], *Pro insipiente* (cc. n4ra-n5ra = 252ra-253ra)

Anselmo d'Aosta, *Contra insipientem* (cc. n5ra-o1ra = 253ra-255ra)

De miseria hominis (cc. o1rb- o2rb = 255rb-256rb)

De diversitate sacramentorum (c. o2ra-va = 256ra-va)

De fermentato et azymo (cc. o2va-o4ra = 256va-258ra)

Pseudo-Anselmo d'Aosta, *De vestimentis et membris et actibus Deo attributis* (cc. o4ra-o6rb = 258ra-260 rb)

Pseudo-Anselmo d'Aosta, *De voluntate Dei* (cc. o6rb-p1ra = 260rb-261ra)

Anselmo d'Aosta, *De concordia praescientiae et praedestinationis necnon gratiae Dei cum libero arbitrio* (cc. p1ra-q3rb = 261ra-269rb)

De libero arbitrio (cc. q3va-r2ra = 269va-274ra), precedono i capitoli (c. q3va = 269va)

De veritate (cc. r2ra-s2rb = 274ra-280rb), precedono il prologo e i capitoli (c. r2ra-b = 274ra-b)

Pseudo-Anselmo d'Aosta [attribuito a Eadmero di Canterbury], *De similitudinibus* (cc. s3vb-y3ra = 281vb-307ra), precedono i capitoli (cc. s2rb-s3vb = 280rb-281vb)

Pseudo-Anselmo d'Aosta, *De mensuratione crucis* (cc. y3ra-y6va = 307ra-310va)

Pseudo-Anselmo d'Aosta [attribuito a Jean de Fécamp], *Meditationes* (cc. y6vb-z4ra = 310vb-314ra)

Anselmo d'Aosta, *De meditatione redemptionis generis humani* (cc. z4ra-z6ra = 314ra-316ra), precedono i capitoli (c. z4ra = 314ra)

Pseudo-Anselmo d'Aosta, *De passione Domini* (cc. z6ra-et3rb = 316ra-319rb)

Pseudo-Anselmo d'Aosta [attribuito a Ekbert von Schönau], *Speculum evangelici sermonis alias Stimulus amoris* (cc. et3rv-A1ra = 319va-323ra), precedono i capitoli (c. et3rb-va = 319rb-va)

Pseudo-Anselmo d'Aosta [attribuito anche a Hervé de Bordeaux o a Ralph d'Escures, arcivescovo di Canterbury], *In homeliam evangelii secundum Lucam* "*Intravit Iesus in quoddam castellum*" [Lc 10,38] (cc. A1ra-A2rb = 323ra-324rb)

Pseudo-Anselmo d'Aosta [attribuito a Eadmero di Canterbury], *De excellentia gloriosissime virginis Marie* (cc. A2rb-B2ra = 324rb-330ra), precedono i capitoli (c. A2rb = 324rb)

Anselmo d'Aosta, *Liber epistolarum* (13 epistole, cc. B2ra-C2va = 330ra-336va)

Pseudo-Anselmo d'Aosta [attribuito a Onorio di Autun], *De imagine mundi* (cc. C2va- D7vb= 336va-347vb), precede il prologo (c. C2va = 336va)

Invocatio matris virginis Marie simul et Filii eius (cc. D7vb-D8ra = 347vb-348ra)

Ex gestis Anselmi colliguntur forma et mores beate Marie et eius unici filii Iesu, inc. *Maria Dei genitrix didicit hebraicas litteras adhuc patre eius Ioachim vivente* (c. D8ra-b = 348rb)

Cc. 182; in 2°; 271 × 192 = 26 [188] 57 × 23 [62] 6 [62] 39, ll. 47 (c. e3r = 203r); Aa-Bb^{8}, b-r^{6}, s^{8}, t-z^{6}, [et]^{6}, A-C^{6}, D^{8} = 1-2^{8}, 3-16^{6}, 17^{8}, 18-26^{6}, 27^{8}; i.i. eli. i.us stue (C)

1497 (Q); got.; cartulazione manoscritta in cifre arabiche da 1 a 183; lettere guida per le iniziali; note marginali e segni di attenzione (s. XVI), *manicula* a c. b2va = 184va.

Tav. II

3

Inc. 3

1492 luglio 19, Roma, Eucharius Silber

Bibliografia dell'edizione: BMC, IV 113; Bod-inc, A-415; BSB-Ink, A-715; CIBN, A-531; Copinger, *Supplement*, 1768; Döring-Fuchs, *Inkunabeln*, A-331; Goff, *Incunabula*, A-1024; Günt (L), 2496; **GW, 2448**; IBE, 564; IGI, 841; **ISTC, ia01024000**; Kotvan, *Inkunábuly*, 95; Martín Abad, *Catálogo*, A-208; Mittarelli, *Bibliotheca codicum manuscriptorum*, App., coll. 446-447; Mittler - Kind, *Göttingen*, 1211; Péligry, *Midi-Pyrénées*, 86; Pell, 1259; Petrella, *BUNa*, 35; Proctor, *Index*, 3851; Scapecchi, *Firenze*, 2810; Sheppard, *Catalogue*, 3050; Walsh, *Harvard*, 1459.
Bibliografia dell'esemplare: Scapecchi, *Camaldoli*, 125 nr. 3.

Tommaso d'Aquino, *Commento alla* Politica *di Aristotele*, tradotta da Leonardo Bruni (commento per i libri III-VIII completato da Pierre d'Auvergne, a cura e con sunto per ciascun libro di Ludovico Valenza da Ferrara, OP (cc. a4r-I6v = 3r-253v)

Precedono la dedica di Valenza al cardinale Francesco Todeschini Piccolomini (c. [a2rv] = 1rv), i proemi di Leonardo Bruni (cc. [a2v]-a3r = 1v-2r) e di Tommaso alla *Politica* (c. a3rv = 2rv)

Seguono l'epistola dell'arcidiacono Martin Nimira di Rab (Nimireus Arbensis) al suo precettore Ludovico Valenza e un epigramma di dedica dello stesso Nimira ai lettori, inc. *Qui cupis imperio populis dare iura sagaci / et qui non tristi fronte parere cupis*, il *colophon* e il registro (c. I8v = 255v)

(c. I8v = 255v) *Impressum est hoc opus Romae per magistrum Eucharium Silber, alias Franck, absolutumque die iovis XIIII kalendas augusti, anno Domini MCCCCXCII.*

Cc. I, 255, I'; in 2°; 311 × 205 = 33 [215] 63 × 26 [139] 40, ll. 49 (c. f1r = 40r); a[8] (-a1), b-z[8], A-I[8] = 1[7], 2-31[8]; emi- utat iaia tuti (3) 1492 (R); rom., in corpo maggiore per il testo, minore per il commento; cartulazione tipografica da 1 a 254, con omissione del nr. 41; spazi riservati per le iniziali con lettere guida; presente a c. a2r = 1r la segnatura "a triangolo" del catalogo di Odoardo Baroncini (1655-1741) *Inscriptus Catalogo Sacrae Eremi Camaldulensis R IV 26*, a c. a4r = 3r la nota di possesso *Sacrae Camaldulensis Eremi* (s. XVI). Legatura antica (325 × 215 × 60 su 304 × 200 × 50) in mezza pelle marrone su assi, decorata con motivi geometrici impressi a secco, tre nervi doppi, capitelli in filo bianco, rosso e verde con piedino anteriore, anima in pelle, dorso rivestito di pelle marrone spruzzata di nero e recante un tassello di pelle rossa con il nome dell'autore, il titolo, il luogo e l'anno di stampa dell'opera impressi in oro; residui di due fermagli sul piatto anteriore, sui tagli davanti e inferiore il nome *Tomas*; controguardie e guardia posteriore cartacee, guardia anteriore membranacea, controguardie pienamente incollate. L'esemplare, in buono stato di conservazione, presenta infiltrazioni di umidità e macchie brune di varia natura; è stato restaurato nel 2006/2007.

Tav. III

4

Inc. 4

1479 marzo 25, Basel, Michael Wenssler

Bibliografia dell'edizione: BMC, III 726, 738; Bod-inc, A-527; Borm, *Wolfenbüttel*, 259; BSB-Ink, A-859; CIBN, A-685; Coll (S), 185; Coll (U), 117; Copinger, *Supplement*, 2058; Finger, *Düsserldorf*, 96-98; Girard, *Basse-Normandie*, 39; Goff, *Incunabula*, A-1241; Günt (L), 399; **GW, 2885**; Hubay, *Augsburg*, 211; Hummel - Wilhelmi, *Rottenburg-Stuttgart*, 619; IBE, 96; IBP, 631; IDL, 494; IGI, 977; **ISTC, ia01241000**; Leuze, *Isny*, 31; Madsen, *Katalog*, 399; Martín Abad, *Catálogo*, A-239; Mittler - Kind, *Göttingen*, 1926; Nentwig, *Braunschweig*, 60; Neveu, *Haute-Normandie*, 64; Ohly - Sack, *Frankfurt am Main*, 303; Pell, 1556; Polain, *Catalogue*, 362; Proctor, *Index*, 7489 = 7534; Rhodes, *Oxford*, 195; Sack, *Freiburg*, 351; Sajo - Soltész, *Catalogus*, 375; Scapecchi, *Firenze*, 302; Schlechter - Ries. *Heidelberg*, 157; Sheppard, *Catalogue*, 2338; SI, 419; Šimáková -Vrchotka, *Katalog*, 189-190; Voull (B), 364; Voull, *Trier*, 72.
Bibliografia dell'esemplare: Scapecchi, *Camaldoli*, 125 nr. 4.

Agostino, *De civitate Dei* (cc. 1ra-159rb), precede Agostino, *Retractationes* II, 43 (c. 1ra)
Thomas Waleys OP, *Commento al* De civitate Dei (cc. 160ra-208va)
Nicholas Trevet OP, *Commento al* De civitate Dei (cc. 208va-214ra)
Seguono la tavola composta dallo stesso Trevet (cc. 214ra-217va) e il *colophon* (c. 217vb)

(c. 159rb, in rosso) *Textus sancti Augustini De civitate Dei Basilee impressus explicit feliciter anno LXXIX.*
(c. 217vb, in rosso) *Igitur Aurelii Augustini civitatis orthodoxe sideris preful-gidi De civitate Dei opus preclarissimum binis sacre pagine professoribus eximi-is id commentantibus, rubricis tabulaque discretum precelsa in urbe Basiliensi partium Alemanie, quam non solum aeris clementia et fertilitas agri, verum etiam imprimentium subtilitas reddit famatissimam ad laudem Trinitatis individue civi-tatis Dei presidis ingenio et industria Mihahelis Wenszler, anno salutis nostre post M et CCCCLXXIX, VIII kalendas aprilis operose est consummatum.*

Cc. II, 218; in 2°; 57 [333] 84 × 42 [93] 20 [92] 74, ll. 56 (c. 10r); 1^{9}, $2\text{-}4^{10}$, 5^{8}, 6^{10}, 7^{8}, 8^{6}, 9^{10}, 10^{8}, 11^{10}, 12^{8}, 13^{8}, 14^{10}, 15^{10}, 16^{8}, 17^{8}, 18^{8}, 19^{10}, 20^{8}, 21^{6}, 22^{6}, 23^{10}, 24^{8}, 25^{6}, 26^{5}; caduti tre fascicoli dopo il primo; manca la segnatura tipografica; i.ne ntut isii matu (C) 1479 (R); got., in corpo maggiore per il testo, minore per il commento; spazi riservati per le iniziali; a c. Iv il numero *CCCLXXXVIII* apposto a fine Settecento da Adelelmo Sestini, Padre Maggiore al Sacro Eremo di Camaldoli negli anni 1795-1799 e 1803-1807, il quale dà notizia dell'acquisto dell'esemplare al prezzo di *lire settanta tornesi nel 1784*; a c. 1r nota di possesso con antica segnatura *Camli* (*Camalduli*) *E VI* (s. XVII); altra nota di possesso a c. 2r *Ad usum magistri Angeli Marini 9 113*; segue, di altra mano, il numero *2*; la c. 218 è costituita da una carta appartenente ad altra edizione, orientata al rovescio, che contiene sul *recto* la fine del cap. 46 e i capp. 47-48 del libro XVIII, sul *verso* la fine del cap. 41, il cap. 42 e parte del cap. 43 dello stesso libro; sul margine superiore di c. 218v è annotato, a lapis rosso, *Augustinus De civitate Dei* (s. XVI); note marginali (s. XVI) su diverse carte, *manicula* (c. 84rb) e segni di attenzione; a cc. 159rb e 217v, in rosso, la marca tipografica: un ramo reciso da cui pendono due stemmi affrontati, su quello di sinistra, in bianco, elemento verticale intersecato a destra da un tratto orizzontale a metà altezza, nello stemma di destra, in bianco, due stelle a sei punte separate da una quadruplice banda ondulata. Legatura di restauro (504 × 340 × 75 su 475 × 327 × 52) in cuoio su assi con parti provenienti dall'antica legatura, sette nervi doppi, capitelli in filo, anima in pelle, piatti decorati con motivi geometrici, floreali (gigli) e animali impressi a secco, dorso rivestito di pelle marrone e recante un tassello di pelle rossa con il nome dell'autore, il titolo, il luogo e l'anno di stampa impressi in oro, sulla parte superiore del dorso residui di un cartellino cartaceo con tracce di scrittura: presumibilmente il nome dell'autore e il titolo dell'opera; residui metallici sul piatto posteriore; controguardie e guardie cartacee, controguardie incollate pienamente. L'esemplare, in buono stato di conservazione, presenta infiltrazioni di umidità e macchie brune di varia natura particolarmente nelle carte finali.

Tav. IV

5

Inc. 5

1495 settembre 9, Venezia, Giorgio Arrivabene

Bibliografia dell'edizione: Ageno, *Catalogus*, 51 nr. 87; Arnoult, *Champagne-Ardennes*, 1293; Bellone, *Appunti,* 378 e n. 9; BMC, V 385; Bod-inc, T-258; BSB-Ink, T-473; CCIR, B-8; CIBN, B-69; Coll (S), 149; Coll (U), 239; Copinger, *Supplement*, 14183* = Hain, *Repertorium*, 14178; Di Viesti, *Teresiana*, 294; Goff, *Incunabula*, S49; Günt (L), 3105; **GW, 3325;** Hillard, *Mazarine*, 275; Hummel - Wilhelmi, *Rottenburg-Stuttgart*, 87; IBE, 708; IBP, 785; IBPort, 218; IDL, 629; IGI, 1206; IJL2, 332; *Incunaboli a Cagliari*, 155-157; *Incunaboli a Cesena*, 154; **ISTC, is00049000**; *Itinera ad loca sancta*, <https://bibliothecaterraesanctae.org/images/incunaboli/087i.pdf>; Kotvan, *Inkunábuly*, 168; Madsen, *Katalog,* 531; Martín Abad, *Catálogo*, B-20; Mittler - Kind, *Göttingen,* 1229; Nentwig, *Braunschweig,* 373; Ohly - Sack, *Frankfurt am Main*, 380; Parguez, *Rhône-Alpes*, 897; Péligry, *Midi-Pyrénées*, 695; Pell, *Ms,* 11213; Pesteil - Lota, *Corse*, 24; Polain, *Catalogue*, 3838, 3838A; Proctor, *Index*, 4927; Sack*, Freiburg,* 446, 447; Sajó - Soltész, *Catalogus*, 490; Scapecchi, *Firenze*, 2472; Schlechter - Ries, *Heidelberg*, 190; Sheppard, *Catalogue*, 4029, 4030; SI, 3453; Šimáková - Vrchotka, *Katalog*, 255; Torchet, *Pays de la Loire*, 832; Voull (B), 4125; Voull, *Trier*, 2065; Walsh, *Harvard*, 2135, 2136, 2137; Zehnacker, *Alsace (Bas Rhin)*, 2049.

Bibliografia dell'esemplare: Scapecchi, *Camaldoli*, 125 nr. 5.

Battista Trovamala, *Summa casuum conscientiae* (*Summa Rosella*) (cc. a1r-X7ra = 5ra-555ra)

Precedono l'indice degli argomenti (cc. [π]1v-[π]3r = 1v-3r) e l'indice dei nomi dei giuristi le cui opere sono utilizzate nel testo (cc. [π]3va-[π]4vb = 3va-4vb)

Sisto IV, papa, *Etsi dominici gregis*, datata 30 dicembre 1479 (c. X7ra-vb = 555ra-vb).

Seguono il *colophon* (c. X7vb = 555vb), il registro (c. X7vb = 555vb), quattro distici elegiaci indirizzati all'acquirente, inc. *Vita hominis brevis est eademque est lege regenda, / servanda et nostri que voluere patres* (c. X8r = 556r), due distici elegiaci indirizzati al tipografo, inc. *Hactenus ingenio valuit gens barbara namque / impressit plumbo quicquid ubique legis* (c. X8r = 556r) e la marca tipografica (c. X8v = 556v)

(c. X7vb = 555vb) *Explicit Rosella, opus utile diligentissimeque emendatum ac impressum cura et studio viri prestantis Georgi Arrivabeni Mantuani Venetiis, Augustino Barbadico principe sapientissimo atque iustissimo, anno christiane salutis MCCCCLXXXXV, V idus septembres.*

Cc. III, 556, III'; in 8°; 162 × 105 = 10 [126] 26 × 8 [40 (2) 40] 15, ll. 44 (c. d1r = 37r); $[\pi]^{4}$, a^{8}, $b\text{-}z^{12}$, et^{12}, $[cum]^{12}$, $[rum]^{12}$, $A\text{-}T^{12}$, $V\text{-}X^{8}$ = 1^{4}, 2^{8}, $3\text{-}46^{12}$, $47\text{-}48^{8}$; 8282 tou. u*is mihu (3) 1495 (R); got.; cartulazione tipografica da 1 a 551; spazi riservati per le iniziali con lettere guida, alcune iniziali eseguite a inchiostro; caduta parte del margine esterno dei primi due fascicoli; occhietto a c. [π]1r = 1r; a c. X8v = 556v la marca tipografica: entro rettangolo a fondo nero, doppia croce su un cerchio bianco nella metà inferiore che racchiude l'iniziale *A*, fuori dal cerchio l'iniziale *G* (Kristeller, *Italienische Buchdrucker*, 181; Zappella, *Marche*, 247); a c. [π]1r = 1r il titolo, a stampa e manoscritto, *Summa Rosella* e le note di possesso (s. XVI/XVII) *Archivum Sacrae Eremi Camalduli* e, sotto, *Ad usum domini Cassiani Angel*[*ini*] *de Eugubio monachi Olivet*[*ani*]; rare note marginali (s. XVI); tra le cc. f3 e f4 = 63 e 64 è inserito un foglietto con appunti di conti e nomi di persone. Legatura di restauro (180 × 125 × 75 su 165 × 110 × 50) in pelle su assi, tre nervi doppi, capitelli in filo giallo e verde con piedino anteriore, anima in pelle; controguardie e guardie cartacee, controguardie incollate pienamente. Conservata separatamente l'antica coperta (165 × 115 × 55) in pelle marrone su assi, tre nervi doppi di cui restano residui dei due superiori, piatti decorati con motivi a nastri intrecciati (l'asse anteriore è spaccata in senso verticale) impressi a secco, sul dorso il nome dell'autore, il titolo e un'antica segnatura *C III 22* manoscritti; resti dei fermagli sul labbro davanti; controguardie cartacee, su quella posteriore il titolo dell'opera e la nota di possesso *Ad usum domini Cassiani Angelini ab Eugubio*. L'esemplare, in buono stato di conservazione, è stato restaurato nel 2006/2007.

Tav. V

6

Inc. 7

1476, Venezia, Franz Renner e Nikolaus von Frankfurt

Bibliografia dell'edizione: BMC, V 193; Bod-inc, B-257; Borm, *Wolfenbüttel*, 452; Bravi, *Bibbie*, 28 nr. 3; BSB-Ink, T-473; CCIR, B-51; CIBN, B-383; Coll (S), 201; Copinger, *Supplement*, 3063; Döring - Fuchs, *Inkunabeln*, B-186; GfT, 2349; Goff, *Incunabula*, B548; **GW, 4223;** IBE, 1010; IBP, 997; IGI, 1647; IJL2, 80; *Incunaboli a Cagliari*, 78; **ISTC, ib00548000**; Kotvan, *Inkunábuly*, 224; Madsen, *Katalog*, 670; Martín Abad, *Catálogo*, B-121; Mittarelli, *Bibliotheca codicum manuscriptorum*, App., col. 81; Oates, *Cambridge*, 1662; Parguez, *Rhône-Alpes*, 182; Péligry, *Midi-Pyrénées*, 166; Pell, 2292; Polain, *Catalogue*, 645; Proctor, *Index*, 4165; Rhodes, *Oxford*, 349; Sajó - Soltész, *Catalogus*, 619; Scapecchi, *Firenze*, 487; Sheppard, *Catalogue*, 3342; SI, 728; Voull (B), 3689; Walsh, *Harvard*, 1607.
Bibliografia dell'esemplare: Scapecchi, *Camaldoli*, 125 nr. 7.

Bibbia (cc. a3ra-18 12vb = 1ra-421vb)
Antico Testamento (cc. a3ra-10 12vb = 1ra-335vb)
Lettera di Girolamo a Paolino, mutila (cc. a3ra-a4rb = 1ra-2rb)
Prologo di Girolamo al Pentateuco (c. a4rb-va = 2rb-va)
Genesi (cc. a4va-b10vb = 2va-18vb)
Esodo (cc. b10vb-d4ra = 18vb-32ra)
Levitico (cc. d4ra-e3ra = 32ra-41ra)
Numeri (cc. e3ra-f6ra = 41ra-53ra)
Deuteronomio (cc. f6ra-g7va = 53ra-65va)
Prologo di Girolamo al libro di Giosuè (c. g7va-b = 65va-b)
Giosuè, preceduto dall'argomento (cc. g7vb-h5vb = 65vb-73vb)
Giudici (cc. h6ra-i4rb = 74ra-82rb)
Ruth (cc. i4rb-i5rb = 82rb-83rb)
Prologo di Girolamo ai libri dei Re (cc. i5rb-i6ra = 83rb-84ra)
I Re (cc. i6ra-k5va = 84ra-95va)
II Re (cc. k5va-l2va = 95va-104va)
III Re (cc. l2va-l12vb = 104va-114vb)
IV Re (cc. m1ra-m10vb = 115ra-124vb)
Prologo di Girolamo ai libri dei Paralipomeni (c. n1ra-b = 125ra-b) e un altro prologo (c. n1rb-va = 125rb-va)
I Paralipomeni (cc. n1va-n10vb = 125va-134vb)
II Paralipomeni (cc. o1ra-p2va = 135ra-146va)
'*Preghiera di Manasse*', inc. *Domine Deus omnipotens, patrum nostrorum Abraham, Ysaac et Iacob* (c. p2va = 146va)
Prologo di Girolamo al libro di Esdra (cc. p2va-p3ra = 146va-147ra)
Esdra I (cc. p3ra- p6rb = 147ra-150rb)
Neemia (cc. p6rb-q1ra = 150rb-155ra)
Esdra II (cc. q1ra-q6ra = 155ra-160ra)
Esdra III (cc. q6ra-r4va = 160ra-168va)

Prologo di Girolamo al libro di Tobia (c. r4va-b = 168va-b)
Tobia (cc. r4vb-r7vb = 168vb-171vb)
*Prologo di Girolamo al libro di Giuditta (*cc. r7vb-r8ra = 171vb-172ra)
Giuditta (cc. r8ra-s2rb = 172ra-176rb)
Prologo al libro di Ester (c. s2rb = 176rb)
Ester (cc. s2rb-s6rb = 176rb-180rb)
Prologo al libro di Giobbe (c. s6rb-vb = 180rb-vb) e un altro prologo (cc. s6vb-s7ra = 180vb-181ra)
Giobbe, preceduto dall'argomento (cc. s7ra-t5ra = 181ra-190ra)
Prologo di Girolamo al libro dei Salmi (c. t5ra = 190ra)
Salmi (cc. t5ra-v12vb = 190ra-209vb)
Epistola di Girolamo ai vescovi Cromazio ed Eliodoro (c. x1ra = 210ra)
Prologo di Girolamo ai tre libri di Salomone (c. x1ra-b = 210ra-b) e un altro prologo (c. x1rb-vb = 210rb-va)
Proverbi (cc. x1va-x8va = 210va-217va)
Prologo di Girolamo al libro dell'Ecclesiaste (c. x8va = 217va)
Ecclesiaste (cc. x8va- y1ra = 217va-220ra)
Cantico dei cantici (cc. y1ra-y2rb = 220ra-221rb)
Prologo al libro della Sapienza (c. y2va = 221va)
Sapienza (cc. y2va-y7rb = 221va-226rb)
Prologo al libro dell'Ecclesiastico (c. y7va = 226va)
Ecclesiastico (cc. y7va-2 1rb = 226va-240rb)
Prologo di Girolamo al libro di Isaia (c. 2 1rb-va = 240rb-va)
Isaia, preceduto dall'argomento (cc. 2 1va-3 7va = 240va-256va)
Prefazione e prologhi al libro di Geremia (cc. 3 7va-b = 256va-b)
Geremia, preceduto dall'argomento (cc. 3 7vb-5 6rb = 256vb-275rb)
Lamentazioni (cc. 5 6rb-5 8ra = 275rb-277ra)
Prefazione al libro di Baruch (c. 5 8ra = 277ra)
Baruch (cc. 5 8ra-5 10rb = 277ra-279rb)
Prologo al libro di Ezechiele (c. 5 10rb = 279rb)
Ezechiele (cc. 5 10rb-7 7ra = 279rb-296ra)
Prologo di Girolamo al libro di Daniele (c. 7 7ra-va = 296ra-va)
Daniele (cc. 7 7va-8 2ra = 296va-303ra)
Prologo di Girolamo ai libri dei profeti minori (c. 8 2 rb = 303rb) e un altro prologo (c. 8 2 rb-va = 303rb-va)
Prologo al libro di Osea (c. 8 2va = 303va)
Osea (cc. 8 2va-8 5ra = 303va-306ra)
Prologhi al libro di Gioele (c. 8 5ra-b = 306ra-b)
Gioele, preceduto dall'argomento (cc. 8 5rb-8 6ra = 306rb-307ra)
Prologhi al libro di Amos (c. 8 6ra-va = 307ra-va)
Amos (cc. 8 6va-8 8rb = 307va-309rb)
Prologo al libro di Abdia (c. 8 8rb-va = 309rb-va)
Abdia, preceduto dall'argomento (c. 8 8va-b = 309va-b)
Prologo al libro di Giona (cc. 8 8vb-8 9ra = 309vb-310ra)
Giona, preceduto dall'argomento (c. 8 9ra-va = 310ra-va)

Prologo al libro di Michea (c. 8 9va-b = 310va-b)
Michea, preceduto dall'argomento (cc. 8 9vb-8 11ra = 310vb-312ra)
Prologo al libro di Nahum (c. 8 11ra-b = 312ra-b)
Nahum, preceduto dall'argomento (cc. 8 11rb-8 12ra = 312rb-313ra)
Prologo al libro di Abacuc (c. 8 12ra-b = 313ra-b)
Abacuc, preceduto dall'argomento (c. 8 12rb-9 1ra = 313rb-314ra)
Prologo al libro di Sofonia (c. 9 1 ra-b = 314ra-b)
Sofonia, preceduto dall'argomento (c. 9 1rb-9 2ra = 314rb-315ra)
Prologo al libro di Aggeo (c. 9 2ra-b = 315ra-b)
Aggeo, preceduto dall'argomento (cc. 9 2rb-9 3ra = 315rb-316ra)
Prologo al libro di Zaccaria (c. 9 3ra-b = 316ra-b)
Zaccaria, preceduto dall'argomento (cc. 9 3rb-9 5vb = 316rb-318vb)
Prologo al libro di Malachia (cc. 9 5vb-9 6ra = 318vb-319ra)
Malachia, preceduto dall'argomento (c. 9 6ra-vb = 319ra-vb)
Prologo di Girolamo ai libri dei Maccabei (c. 9 7ra = 320ra) e un altro prologo (c. 9 7ra = 320ra)
I Maccabei (cc. 9 7ra-10 5va = 320ra-330va)
II Maccabei (cc. 10 5va-10 12vb = 330va-337vb)

Nuovo Testamento (cc. 11 1ra-18 12vb = 338ra-421vb)
Lettera di Girolamo a papa Damaso sui vangeli (cc. 11 1ra-b = 338ra-b)
Altro prologo ai vangeli (c. 11 1va-b = 338va-b)
Prologo al vangelo di Matteo (cc. 11 1vb-11 2ra = 338vb-339ra)
Matteo, preceduto dall'argomento (cc. 11 2ra-12 2va = 339ra-349va)
Prologo al vangelo di Marco (c. 12 2va = 349va)
Marco (cc. 12 2va-12 9ra = 349va-356ra)
Prologo di Girolamo al vangelo di Luca (c. 12 9ra-b = 356ra-b)
Luca (cc. 12 9rb-13 10rb = 356rb-367rb)
Prologo al vangelo di Giovanni (c. 13 10rb = 367rb)
Giovanni (cc. 13 10va-14 8vb = 367va-375vb)
Prefazione di Girolamo alle epistole paoline (cc. 14 8vb-14 9ra = 375vb-376ra)
Prologo alla lettera ai Romani (c. 14 9ra-va = 376ra-va)
Lettera di Paolo ai Romani, preceduta dall'argomento (cc. 14 9va-15 1va = 376va-380va)
Prologo alla prima lettera di Paolo ai Corinzi (c. 15 1va-b = 380va-b)
Prima lettera di Paolo ai Corinzi, preceduta dall'argomento (cc. 15 1vb-15 5vb = 380vb-384vb)
Prologo alla seconda lettera di Paolo ai Corinzi (c. 15 5vb = 384vb)
Seconda lettera di Paolo ai Corinzi, preceduta dall'argomento (cc. 15 6ra-15 8va = 385ra-387va)
Lettera di Paolo ai Galati, preceduta dall'argomento (cc. 15 8vb-15 10ra = 387vb-389ra)
Lettera di Paolo agli Efesini, preceduta dall'argomento (c. 15 10ra-16 1 va = 389ra-390va)

Lettera di Paolo ai Filippesi, preceduta dall'argomento (cc. 16 1va-16 2 va = 390va-391va)

Lettera di Paolo ai Colossesi, preceduta dall'argomento (cc. 16 2va-16 3va = 391va-392va)

Prima lettera di Paolo ai Tessalonicesi, preceduta dall'argomento (c. 16 3va-16 4rb = 392va-393rb)

Seconda lettera di Paolo ai Tessalonicesi, preceduta dall'argomento (c. 16 4rb-vb = 393rb-vb)

Prima lettera di Paolo a Timoteo, preceduta dall'argomento (cc. 16 4vb-16 6ra = 393vb-395ra)

Seconda lettera di Paolo a Timoteo, preceduta dall'argomento (c. 16 6ra-vb = 395ra-vb)

Lettera di Paolo a Tito, preceduta dall'argomento (cc. 16 6vb-16 7rb = 395vb-396rb)

Lettera di Paolo a Filemone, preceduta dall'argomento (c. 16 7rb-va = 396rb-va)

Lettera di Paolo agli Ebrei, preceduta dall'argomento (cc. 16 7va-16 10vb = 396va-399vb)

Prologo di Girolamo agli Atti degli Apostoli (c. 16 10vb = 399vb) e un altro prologo (cc. 16 10vb-17 1ra = 399vb-400ra)

Atti degli Apostoli (cc. 17 1ra-18 2ra = 400ra-411ra)

Prologo alle lettere canoniche (c. 18 2ra-b = 411ra-b)

Argomento delle lettere canoniche (c. 18 2rb = 411rb)

Lettera di Giacomo, preceduta dall'argomento (cc. 18 2rb-18 3rb = 411rb-412rb)

Prima lettera di Pietro, preceduta dall'argomento (cc. 18 3rb-18 4va = 412rb-413va)

Seconda lettera di Pietro, preceduta dall'argomento (cc. 18 4va-18 5rb = 413va-414rb)

Prima lettera di Giovanni, preceduta dall'argomento (cc. 18 5rb-18 6va = 414rb-415va)

Seconda lettera di Giovanni, preceduta dall'argomento (c. 18 6va-b = 415va-b)

Terza lettera di Giovanni, preceduta dall'argomento (c. 18 6vb = 415vb)

Lettera di Giuda, preceduta dall'argomento (cc. 18 6vb-18 7rb = 415vb-416rb)

Prologo all'Apocalisse (c. 18 7rb-vb = 416rb-vb)

Altro prologo (c. 18 7vb = 416vb)

Apocalisse, preceduta dall'argomento (cc. 18 7vb-18 12vb = 416vb-421vb)

Segue [Stephen Langton], *Interpretationes Hebraicorum nominum* (cc. A1r-C11v = 422r-454v)

(c. 18 12vb = 421vb) *Explicit Biblia impressa Venetiis per Franciscum de Hailbrun et Nicolaum de Frankfordia socios MCCCCLXXVI.*

Cc. I, 455; in 2°; 285× 199 = 30 [188] 67 × 27 [56 (11) 56] 49, ll. 51 (c. a3r = 1r); a^{8} (-a1, -a2), b-h^{10}, i-l^{12}, m-s^{10}, t-v^{12}, x-y^{10}, 1-6^{10}, 7-10^{12}, 11-13^{10}, 14^{12}, 15-17^{10}, 18^{12}, A^{10}, B-C^{12} = 1^{8}, 2-8^{10}, 9-11^{12}, 12-18^{10}, 19-20^{12}, 21-28^{10}, 29-32^{12}, 33-35^{10}, 36^{12}, 37-39^{10}, 40^{12}, 41^{10}, 42-43^{12}; aari teua NoEt iama (C) 1476 (R); got.; iniziali semplici con lettera guida manoscritta all'interno e segni di paragrafo manoscritti in rosso e blu in alternanza, iniziali ornate in azzurro, rosa e verde con presenza di oro a foglia, in particolare si segnala a c. a4v = 2v l'iniziale *I* che si prolunga nell'intercolumnio e nei margini superiore e inferiore; *maniculae* (cc. f9vb = 57vb, x5vb = 214vb) e rari segni di attenzione; a c. a3r = 1r due antiche segnature: *Camli* (*Camalduli*) *A II* (s. XVII) e nel margine inferiore la segnatura "a triangolo" del catalogo di Odoardo Baroncini (1655-1741) *Inscriptus Catalogo Sacrae Eremi Camalduli B VI 2*; sulla controguardia anteriore, manoscritto, il numero *V*, apposto alla fine del Settecento da Adelelmo Sestini, Padre Maggiore al Sacro Eremo di Camaldoli negli anni 1795-1799 e 1803-1807. Legatura antica (300 × 210 × 95 su 283 × 203 ×75) in pelle marrone su assi, quattro nervi doppi, capitelli in filo giallo e verde con piedino anteriore, anima in pelle, piatti decorati con motivi geometrici e una losanga al centro che ne contiene una più piccola, impressi a secco; dorso rivestito di pelle marrone spruzzata di nero e recante un tassello di pelle rossa con il titolo dell'opera, il luogo e l'anno di stampa in oro; residui di due fermagli sul piatto anteriore; controguardie e guardia cartacee, controguardie incollate pienamente. Non impressa la c. 455.

Tav. VI

7

Inc. 8

1483 ottobre 31, Venezia, Johann Herbort von Seligenstadt

Bibliografia dell'edizione: Armstrong - Scapecchi - Toniolo, *Seminario Vescovile*, 33 nr. 68, 153 nr. 68; Badalić, *Inkunabule u Hrvatskoj*, 194; BMC, V 303; Bod-inc, B-287; Bravi, *Bibbie*, 35 nr. 10; BSB-Ink, B-450; CCIR, B-63; Chiodi, *Indice degli incunaboli*, 74 nr. 232; CIBN, B-406; Coll (S), 204; Copinger, *Supplement*, 3090*; Döring-Fuchs, *Inkunabeln*, B-199, B-200; Goff, *Incunabula*, B579; Gspan - Badalić, *Inkunabule v. Sloveniji*, 108; Günt (L), 3285; **GW, 4254**; Hillard, *Mazarine*, 390; Hubay, *Augsburg*, 368; IBE, 1025; IBP, 1017; IDL, 839; IGI, 1668; *Incunaboli dei frati Minori di Firenze*, 154; **ISTC, ib00579000**; Kotvan, *Inkunábuly*, 235; Madsen, *Katalog*, 682; Martín Abad, *Catálogo*, B-125; Mittler - Kind, *Göttingen*, 679; Oates, *Cambridge*, 1858.5; Ohly - Sack, *Frankfurt am Main*, 526; Parguez, *Rhône-Alpes*, 197; Pell, 2317; Polain, *Catalogue*, 659; Proctor, *Index*, 4691; Sajó - Soltész, *Catalogus*, 639; Sallander, *Uppsala*, 1623; Scapecchi, *Firenze*, 493; Schlechter - Ries 303; Sheppard, *Catalogue*, 3753; SI, 753; Šimáková -Vrchotka, *Katalog*, 338, 339; Voull (B), 3981; Walsh, *Harvard*, 1871.
Bibliografia dell'esemplare: Scapecchi, *Camaldoli*, 126 nr. 8.

Bibbia, a cura di Francesco da Moneglia (Genova) (cc. a1v-z10rb = 1v-366rb)
Francesco da Moneglia, Premessa con elogio del tipografo (c. a1v = 1v)

Antico Testamento (cc. a2ra-O6ra = 2ra-290ra)
Lettera di Girolamo a Paolino (cc. a2ra-a3vb = 2ra-3vb)
Prologo di Girolamo al Pentateuco (cc. a3vb-a4ra = 3vb-4ra)

Genesi (cc. a4rb-b7vb = 4rb-17vb)
Esodo (cc. b8ra-d3va = 18ra-29va)
Levitico (cc. d3va-e3rb = 29va-37rb)
Numeri (cc. e3rb-f6va = 37rb-48va)
Deuteronomio (cc. f6va-g8rb = 48va-58rb)
Prologo di Girolamo al libro di Giosuè (c. g8rb-va = 58rb-va)
Giosuè, preceduto dall'argomento (cc. g8va-h7va = 58va-65va)
Giudici (cc. h7va-i6vb = 65va-72vb)
Ruth (cc. i6vb-i7vb = 72vb-73vb)
Prologo di Girolamo ai libri dei Re (cc. i7vb-i8rb = 73vb-74rb)
I Re (cc. i8rb-l2ra = 74rb-84ra)
II Re (cc. l2ra-m2ra = 84ra-92ra)
III Re (cc. m2ra-n3ra = 92ra-101ra)
IV Re (cc. n3ra-o3va = 101ra-109va)
Prologo di Girolamo ai libri dei Paralipomeni (c. o3vb-o4ra = 109vb-110ra) e un altro prologo (c. o4ra-b = 110ra-b)
I Paralipomeni (cc. o4rb-p4va = 110rb-118va)
II Paralipomeni (cc. p4va-q6va = 118va-119va)
'*Preghiera di Manasse*', inc. *Domine Deus omnipotens, patrum nostrorum Abraham, Ysaac et Iacob* (c. q6va-b = 119va-b)
Prologo di Girolamo al libro di Esdra (cc. q6vb-q7ra = 119vb-120ra)
Esdra I (cc. q7ra-r1vb = 120ra-131vb)
Neemia (cc. r1vb-r5vb = 131vb-135vb)
Esdra II (cc. r5vb-s1vb = 135vb-139vb)
Esdra III (cc. s2ra-t1ra = 140ra-147ra)
Prologo di Girolamo al libro di Tobia (c. t1ra-b = 147ra-b)
Tobia (cc. t1rb-t3vb = 147rb-149vb)
Prologo di Girolamo al libro di Giuditta (c. t3vb= 149vb)
Giuditta (cc. t3vb-t7rb = 149vb-153rb)
Prologo al libro di Ester (c. t7va = 153va)
Ester (cc. t7va-u3ra = 153va-157ra)
Prologo al libro di Giobbe (c. u3ra-b = 157ra-b) e un secondo prologo (c. u3rb-va = 157rb-va)
Giobbe, preceduto dall'argomento (cc. u3va-x2ra = 157va-164ra)
Prologo di Girolamo al libro dei Salmi (c. x2rb-va = 164rb-va)
Salmi (cc. x2va-y10vb = 164va-180vb)
Epistola di Girolamo ai vescovi Cromazio e Eliodoro (c. A1ra = 181ra)
Prologo di Girolamo ai tre libri di Salomone (c. A1ra-b = 181ra-b) e un altro prologo (c. A1rb-va = 181rb-va)
Proverbi (cc. A1va-A7vb = 181va-187vb)
Prologo di Girolamo al libro dell'Ecclesiaste (c. A7vb = 187vb)
Ecclesiaste (cc. A7vb-B2ra = 187vb-190ra)
Cantico dei cantici (cc. B2ra-B3ra = 190ra-191ra)
Prologo al libro della Sapienza (c. B3ra = 191ra)
Sapienza (cc. B3ra-B7rb = 191ra-195rb)

Prologo al libro dell'Ecclesiastico (c. B7rb-va = 195rb-va)
Ecclesiastico (cc. B7va-D2vb = 195va-206vb)
Preghiera di Salomone (cc. D2vb-D3ra = 206vb-207ra)
Prologo di Girolamo al libro di Isaia (c. D3ra-b = 207ra-b)
Isaia, preceduto dall'argomento (cc. D3rb-E8va = 207rb-220va)
Prefazione e prologhi al libro di Geremia (cc. E8va-F1ra = 220va-221ra)
Geremia, preceduto dall'argomento (cc. F1ra-G8rb = 221ra-236rb)
Lamentazioni (cc. G8rb-H1vb = 236rb-237vb)
Prefazione al libro di Baruch (c. H1vb = 237vb)
Baruch (cc. H1vb-H3vb = 237vb-239vb)
Prologo al libro di Ezechiele (cc. H3vb-H4ra = 239vb-240ra)
Ezechiele (cc. H4ra-K2rb = 240ra-254rb)
Prologo di Girolamo al libro di Daniele (c. K2rb-va = 254rb-va)
Daniele (cc. K2vb-K8va = 254vb-260va)
Prologo di Girolamo ai libri dei profeti minori (c. K8va = 260va) e un altro prologo (c. K8va = 260va)
Prologo al libro di Osea (c. K8va-b = 260va-b)
Osea, preceduto dall'argomento (cc. K8vb-L2vb = 260vb-262vb)
Prologhi al libro di Gioele (cc. L2vb-L3ra = 262vb-263ra)
Gioele, preceduto dall'argomento (c. L3ra-vb = 263ra-vb)
Prologhi al libro di Amos (cc. L3vb-L4rb = 263vb-264rb)
Amos (cc. L4rb-L5vb = 264rb-265vb)
Prologo al libro di Abdia (c. L5vb = 265vb)
Abdia, preceduto dall'argomento (c. L6ra-b = 266ra-b)
Prologo al libro di Giona (c. L6rb = 266rb)
Giona, preceduto dall'argomento (c. L6rb-vb = 266rb-vb)
Prologo al libro di Michea (cc. L6vb-L7ra = 266vb-267ra)
Michea, preceduto dall'argomento (cc. L7ra-L8rb = 267ra-268rb)
Prologo al libro di Nahum (c. L8rb = 268rb)
Nahum, preceduto dall'argomento (cc. L8rb-M1ra = 268rb-269ra)
Prologo al libro di Abacuc (c. M1ra-b = 269ra-b)
Abacuc, preceduto dall'argomento (cc. M1rb-M2ra = 269rb-270ra)
Prologo al libro di Sofonia (c. M2ra = 270ra)
Sofonia, preceduto dall'argomento (c. M2rb-vb = 270rb-vb)
Prologo al libro di Aggeo (cc. M2vb-M3ra = 270vb-271ra)
Aggeo, preceduto dall'argomento (c. M3ra-vb = 271ra-vb)
Prologo al libro di Zaccaria (c. M3va-b = 271va-b)
Zaccaria, preceduto dall'argomento (cc. M3vb-M6ra = 271vb-274ra)
Prologo al libro di Malachia (c. M6ra-b = 274ra-b)
Malachia, preceduto dall'argomento (cc. M6rb-M7ra = 274rb-275ra)
Prologo di Girolamo ai libri dei Maccabei (c. M7ra = 275ra) e un altro prologo (c. M7ra = 275ra)
I Maccabei (cc. M7ra-N7vb = 275ra-283vb)
II Maccabei (cc. N7vb- O6ra = 283vb-290ra)

Nuovo Testamento (cc. O6ra-z10rb = 290ra-366rb)

Lettera di Girolamo a papa Damaso sui vangeli (c. O6ra-b = 290ra-b) e un altro prologo ai vangeli (c. O6rb-vb = 290rb-vb)

Prologo al vangelo di Matteo (c. O6vb = 290vb)

Matteo, preceduto dall'argomento e dal registro (cc. O7ra-P8va = 291ra-300va)

Prologo al vangelo di Marco (c. P8va-b = 300va-b)

Marco, preceduto dal registro (cc. P8vb-Q6vb = 300vb-306vb)

Prologo di Girolamo al vangelo di Luca (cc. Q6vb-Q7ra = 306vb-307ra)

Luca, preceduto dal registro e dal proemio dell'autore (cc. Q7ra-S1vb = 307ra-317vb)

Prologo al vangelo di Giovanni (cc. S1vb-S2ra = 317vb-318ra)

Giovanni, preceduto dal registro (cc. S2ra-T1vb = 318ra-325vb)

Prefazione di Girolamo alle epistole paoline (cc. T1vb-T2rb = 325vb-326rb)

Prologo alla lettera di Paolo ai Romani (c. T2rb-va = 326rb-va)

Lettera di Paolo ai Romani, preceduta dall'argomento (cc. T2va-T6rb = 326va-330rb)

Prologo alla prima lettera di Paolo ai Corinzi (c. T6rb = 330rb)

Prima lettera di Paolo ai Corinzi, preceduta dall'argomento (cc. T6rb-V2ra = 330rb-334ra)

Prologo alla seconda lettera di Paolo ai Corinzi (c. V2ra = 334ra)

Seconda lettera di Paolo ai Corinzi, preceduta dall'argomento (cc. V2ra-V4va = 334ra-336va)

Lettera di Paolo ai Galati, preceduta dall'argomento (cc. V4va-V5vb = 336va-337vb)

Lettera di Paolo agli Efesini, preceduta dall'argomento (cc. V5vb-V7ra = 337vb-339ra)

Lettera di Paolo ai Filippesi, preceduta dall'argomento (cc. V7ra-V8ra = 339ra-340ra)

Lettera di Paolo ai Colossesi, preceduta dall'argomento (cc. V8ra-X1ra = 340ra-341ra)

Prima lettera di Paolo ai Tessalonicesi, preceduta dall'argomento (c. X1ra-vb = 341ra-vb)

Seconda lettera di Paolo ai Tessalonicesi, preceduta dall'argomento (cc. X1vb-X2rb = 341vb-342rb)

Prima lettera di Paolo a Timoteo, preceduta dall'argomento (cc. X2rb-X3rb = 342rb-343rb)

Seconda lettera di Paolo a Timoteo, preceduta dall'argomento (cc. X3rb-X4ra = 343rb-344ra)

Lettera di Paolo a Tito, preceduta dall'argomento (c. X4ra-va = 344ra-va)

Lettera di Paolo a Filemone, preceduta dall'argomento (c. X4va = 344va)

Lettera di Paolo agli Ebrei, preceduta dall'argomento (cc. X4va-X7va = 344va-347va)

Prologo di Girolamo agli Atti degli Apostoli (c. X7va = 347va) e un altro prologo (c. X7va-b = 347va-b)

Atti degli Apostoli (cc. X7vb-z1ra = 347vb-357ra)

Prologo alle lettere canoniche (c. z1ra-b = 357ra-b)

Argomento delle lettere canoniche (c. z1rb = 357rb)

Lettera di Giacomo, preceduta dall'argomento (cc. z1rb-z2rb = 357rb-358rb)

Prima lettera di Pietro, preceduta dall'argomento (cc. z2rb-z3rb = 358rb-359rb)

Seconda lettera di Pietro, preceduta dall'argomento (cc. z3rb-vb = 359rb-vb)

Prima lettera di Giovanni, preceduta dall'argomento (cc. z3vb-z4vb = 359vb-360vb)

Seconda lettera di Giovanni, preceduta dall'argomento (cc. z4rb-z5ra = 360vb-361ra)

Terza lettera di Giovanni, preceduta dall'argomento (c. z5ra-b = 361ra-b)

Lettera di Giuda, preceduta dall'argomento (c. z5rb-va = 361rb-va)

Prologo all'Apocalisse [attribuito a Gilbert de la Porrée] (c. z5va-b = 361va-b) e un secondo prologo (cc. z5vb-z6ra = 361vb-362ra)

Apocalisse, preceduta dall'argomento (cc. z6ra-z10rb = 362ra-366rb)

Quattordici esametri, inc. *Biblia quem retinet sequitur nunc metricus ordo: / Generat, Exodus, Levi, Numeri quoque Deutro* (c. z10rb = 366rb)

[Stephen Langton], *Interpretationes Hebraicorum nominum* (cc. 1 1r-4 7v = 367r-397v)

Giovanni Stefano Emiliano (*Quintius Emylianus Cymbriacus*), tre distici elegiaci, inc. *Qui primus latias effinxit in aere lituras / et docuit sacros aere notare libros* (c. 4 7v = 397v)

Segue il registro (c. 4 8r = 398r)

(c. z10rb = 366rb) *Exactum est inclyta in urbe Venetiarum sacrosanctum Biblie volumen integerrimis expolitusque litterarum caracteribus magistri Iohannis dicti magni Herbort de Siligenstat Alemani, qui salva omnium pace ausum illud affirmare, ceteros facile omnes hac tempestate supereminet. Olympiadibus dominicis, anno vero 1483, pridie kalendas novembris.*

Cc. 398; in 2°; 21 [223] 55 × 21 [68 (9) 67] 43, ll. 58 (c. b1r = 11r); a^{10}, b-x^{8}, y^{10}, A-2y^{8}, z^{10}, 1-4^{8}= 1^{10}, 2-21^{8}, 22^{10}, 23-44^{8}, 45^{10}, 46-49^{8}, faan cese itlm rere (C) 1483 (A); got.; spazi riservati per le iniziali, con lettere guida; a c. t6 = 152, tagliato il margine inferiore, senza lacuna testuale; sulla controguardia anteriore il numero *CCIII* apposto a fine Settecento da Adelelmo Sestini, Padre Maggiore al Sacro Eremo di Camaldoli negli anni 1795-1799 e 1803-1807; a c. a1r = 1r note di possesso e antiche segnature: *Sacrae Eremi Camalduli Inscriptus Catalogo*, sulla stessa carta *D. Pietro* e *Camli* (*Camalduli*) *A V* (s. XVII), *Questa bibbia è di Hugolino di Antonio Giungni* (depennato), *Dantes* (?) *Lanfredini*; note manoscritte alle cc. a3v = 3v e a4r = 4r, nella seconda carta in parte in alfabeto greco (s. XVI). Legatura antica (318 × 222 × 70 su 304 × 206 × 60) in pelle su assi, tre nervi doppi, capitelli in filo giallo e verde con piedino anteriore, anima in pelle, piatti decorati con motivi geometrici impressi a secco, al centro in oro *IHS*, quattro borchie metalliche su ciascun piatto e residui di quattro fermagli, dorso rivestito di pelle marrone spruzzata di nero e recante un tassello di pelle rossa con il titolo dell'opera, il luogo e l'anno di stampa impressi in oro; sui contropiatti sono incollate pienamente le precedenti guardie cartacee, su quella anteriore sono presenti una serie di conti. L'esemplare, in buono stato di conservazione, è stato restaurato nel 2006/2007.

Tavv. VII, VIII

8

Inc. 9

[1489 agosto 8, Venezia, Boneto Locatello per Ottaviano Scoto]

Bibliografia dell'edizione: Aquilon, *Région Centre*, 127; Armstrong, *Xilografia*, 75-96; BMC, V 437; Bravi, *Bibbie*, 38 nr. 13; BSB-Ink, B-463; CIBN, B-431; Copinger, *Supplement*, 3168*; Coq, *Beaux-Arts*, 87; Essling, *Livres à figures*, 132; Festanti, *Panizzi*, 104 nr. 75; Girard, *Basse-Normandie*, 104; *Girolamini*, 9; Goff, *Incunabula*, B-616; Günt (L) 3368; **GW, 4291**; Hillard, *Mazarine*, 406; IBE, 1047; IBPort, 339; IDL, 853; IGI, 1688; *Incunaboli ad Agrigento I*, 40-42; *Incunaboli a Catania I*, 29; *Incunaboli a Catania II*, 91-93; *Incunaboli a Cesena*, 28-31; *Incunaboli a Siracusa*, 7; *Incunaboli dei frati Minori di Firenze*, 155; *Incunaboli di Reggio Emilia*, 75; **ISTC, ib00616000**; Li Calsi, *Palermo*, 185; Lipari, *Incunaboli e cinquecentine*, XVII; Madsen, *Katalog*, 701; Mendes, *Catàlogo*, 241, 242, 243; Neveu, *Haute-Normandie*, 131; Oates, *Cambridge*, 1952; Pell, 2347; Polain, *Catalogue*, 677; Proctor, *Index*, 5018A; Richard, *Poitou-Charente*, 117; Rigo, *Treviso*, 13; Sack, *Freiburg*, 668; Sajó - Soltész, *Catalogus*, 668; Samek Ludovici, *Arte del libro*, p. 88; Sander, *Livres à figures*, 988; Scapecchi, *Cortona*, 23; Scapecchi, *Firenze*, 507; Schmitt, *Berlin*, I 4164; Šimáková - Vrchotka, *Katalog*, 380; Torchet, *Pays de la Loire*, 164; Voull (B), 4164; Walsh, *Harvard*, 2273.
Bibliografia dell'esemplare: Scapecchi, *Camaldoli*, 126 nr. 9.

Bibbia (parte I), con il commento di Niccolò da Lira (1270 ca.-1349), le esposizioni di Guglielmo il Bretone (m. 1356) su tutti i prologhi di Girolamo, le aggiunte di Paolo di Santa Maria, vescovo di Burgos (1350 ca.-1435) e le repliche di Matthias Döring (1400 ca.-1469) (cc. a3ra-Dd10vb = 2ra-296vb)

Niccolò da Lira, *Prologus secundus*, mutilo, inc. [*dicitur: Nigra*] *sum sed formosa, filie Hierusalem* (cc. a3ra-b8rb = 2ra-15rb)
Genesi (cc. b8va-h4vb = 15va-69vb)
Esodo (cc. h4vb-m9rb = 69vb-113vb)
Levitico (cc. m10ra-o3rb = 115ra-134rb)
Numeri (cc. o3rb-r4rb = 134rb-160rb)
Deuteronomio (cc. r4rb-t10va = 160rb-186va)
Prologo di Girolamo al libro di Giosuè (cc. t10va-v1vb = 186va-187vb)
Giosuè, preceduto dall'argomento (cc. v1vb-x5vb = 187vb-201vb)
Giudici (cc. x6ra-y9vb = 202ra-215vb)

Ruth (cc. y10ra-z2ra = 216ra-218ra)
Prologo di Girolamo ai libri dei Re (cc. z2ra-z3va =218ra-219va)
I Re (cc. z3va-cum6rb = 219va-242rb)
II Re (cc. cum6va-Aa3rb = 242va-259rb)
III Re (cc. Aa3rb-Cc3va = 259rb-279va)
IV Re (cc. Cc3va-Dd10vb = 279va-296vb)

Cc. III, 296, III'; in 2°; 353 × 239 = 21 [282] 50 × 25 [88 (7) 92] 27, ll. 77 (c. a5r = 3r); a^{10} (- a1, a2, a9), b^{8}, c-l^{10}, m^{10+1}, n-z^{10}, et^{10}, cum ^{10}, rum ^{10}, Aa-Dd^{10} = 1^{7}, 2^{8}, 3-11^{10}, 12^{11}, 13-30^{10}; e&in en2. isen ente (C) 1489 (Q); got., in corpo maggiore per il testo, minore per il commento; spazi riservati per le iniziali con lettere guida; numerose illustrazioni xilografiche tra cui quella presente a c. 114r priva di segnatura tipografica; rare note manoscritte (s. XV/XVI). Legatura (375 × 255 × 73 su 357 × 239 × 54) interamente di restauro molto recente in pelle nera su assi, tre nervi doppi, capitelli non strutturali in filo di colore avana; controguardie e guardie cartacee, controguardie incollate pienamente. Conservata separatamente l'antica legatura in pelle nera su assi di cui restano solo i piatti (373 × 248) decorati con una doppia cornice all'interno della quale si distinguono losanghe e conchiglie impresse a secco; resti metallici di due fermagli sul piatto posteriore, residui dei chiodini su quello anteriore; all'interno del piatto anteriore sono presenti la nota di possesso *Regalato a D. Timoteo* [Chimenti] *1925*, e una precedente segnatura *54*, a penna blu, di mano dell'archivista e bibliotecario Giuseppe Cacciamani (1912-1994); all'interno del piatto posteriore frammenti manoscritti (s. XVI); controguardie cartacee pienamente incollate.

Tav. IX

9

Inc. 10

1495 aprile 18, Venezia, Paganino Paganini

Bibliografia dell'edizione: Armstrong - Scapecchi - Toniolo, *Seminario Vescovile*, 34 nr. 71; Badalić, *Inkunabule u Hrvatskoj*, 212; BMC, V 458; Bod-inc, B-315; Bravi, *Bibbie*, 41 nr. 15; BSB-Ink, B-473; Buffévent, *Ile-de-France*, 94; CIBN, B-431; Coll (S), 210; Copinger, *Supplement*, 1035, 3174*; Essling, *Livres à figures*, 137; Finger, *Düsserldorf*, 202; Goff, *Incunabula*, B-608; Gspan - Badalić, *Inkunabule v. Sloveniji*, 115; **GW, 4283**; Hejnic, *Plzeň*, 25; Hillard, *Mazarine*, 402; Hubay, *Ottobeuren*, 76; IBE, 1050; IBP, 1039; IBPort, 331; IGI, 1691; **ISTC, ib00608000**; Kotvan, *Inkunábuly*, 251; Longhi, *Incunaboli*, 240-241 nr. 7-9; Mendes, *Catàlogo*, 227, 228, 229, 230; Mittarelli, *Bibliotheca codicum manuscriptorum*, App., coll. 83, 166, 255; Moro, *Bernardino Gadolo*, 183; Oates, *Cambridge*, 2028, 2029; Ohly - Sack, *Frankfurt am Main*, 548; Pell, 2353; Polain, *Catalogue*, 683; Petrella, *BUNa*, 75; Proctor, *Index*, 5170; Rhodes, *Oxford*, 360; Sack, *Freiburg*, 657; Sajó - Soltész, *Catalogus*, 661; Sander, *Livres à figures*, 994; Scapecchi, *Firenze*, 503; Sheppard, *Catalogue*, 4268; SI, 711; Šimáková - Vrchotka, *Katalog*, 362; Voull (B), 4270; Walsh, *Harvard*, 2359.
Bibliografia dell'esemplare: Scapecchi, *Camaldoli*, 126 nr. 10.

Bibbia (parte VI, cc. VVVra-44 10rb = 1ra-386rb) con l'esegesi di Girolamo, di Niccolò da Lira (1270 ca.-1349) *et al.*, a cura di Bernardino Gadolo (1463-1499)

Nuovo Testamento
Matteo (cc. VVV2va-4 5rb = 2va-61rb)
Marco (cc. 4 5va-7 6ra = 61va-86ra)
Luca (cc. 7 6ra-13 3vb = 86ra-131vb)
Giovanni (cc. 13 4ra-18 8rb = 132ra-176rb)
Prefazione di Girolamo alle epistole paoline (c. 19 1rab = 177rab)
Lettera di Paolo ai Romani (cc. 19 2ra-21 8va = 178ra-200va)
Prima lettera di Paolo ai Corinzi (cc. 21 8va-24 6 vb = 200va-222vb)
Seconda lettera di Paolo ai Corinzi (cc. 24 6vb-26 4ra = 222vb-236ra)
Lettera di Paolo ai Galati (cc. 26 4ra-27 4rb = 236ra-244rb)
Lettera di Paolo agli Efesini (cc. 27 4rb - 28 3ra = 244rb-251ra)
Lettera di Paolo ai Filippesi (cc. 28 3ra-28 7vb = 251ra-255vb)
Lettera di Paolo ai Colossesi (cc. 28 7vb-29 3vb = 255vb-259vb)
Prima lettera di Paolo ai Tessalonicesi (cc. 29 3vb-29 7va = 259vb-263va)
Seconda lettera di Paolo ai Tessalonicesi (cc. 29 7va-30 1va = 263va-265va)
Prima lettera di Paolo a Timoteo (cc. 30 1va-30 7rb = 265va-271rb)
Seconda lettera di Paolo a Timoteo (cc. 30 7rb-31 2va = 271rb-274va)
Lettera di Paolo a Tito (cc. 31 2va-31 4va = 274va-276va)
Lettera di Paolo a Filemone (cc. 31 4va-31 5rb = 276va-277rb)
Lettera di Paolo agli Ebrei (cc. 31 5rb-34 4rb = 277rb-300rb)
Atti degli Apostoli (cc. 34 4va-38 6vb = 300va-334vb)
Lettera di Giacomo (cc. 38 7vb-39 4vb = 335vb-340vb)
Prima lettera di Pietro (cc. 39 5rb-40 2ra = 341rb-346ra)
Seconda lettera di Pietro (cc. 40 2ra-40 5va = 346ra-349va)
Prima lettera di Giovanni (cc. 40 6ra-41 3va = 350ra-355va)
Seconda lettera di Giovanni (cc. 41 3va-41 4rb = 355va-356rb)
Terza lettera di Giovanni (cc. 41 4rb-41 4vb = 356rb-356vb)
Lettera di Giuda (cc. 41 5ra-41 6va = 357ra-358va)
Apocalisse (cc. 41 8rb-44 6vb = 360rb-382vb)

Seguono Niccolò da Lira, *Contra perfidiam Iudaeorum* (cc. 44 7ra-44 10rb = 383ra-386rb), il *colophon* e il registro (c. 44 10rb = 386rb)

(c. 44 10rb = 386rb) *Glosa ordinaria una cum postillis venerabilis fratris Nicolai de Lyra ordinis Minorum feliciter finit anno salutis nostre MCCCCLXXXXV, die vero aprilis XVIII, Venetiis impressa per Paganinum de Paganinis Brixiensem summo labore ac studio, necnon et emendata per venerabilem fratrem Bernardinum Gadolum divi Michaelis Murani priorem. Laus, honor et gloria summo Deo patri omnipotenti atque beatissime virgini Marie. Amen.*

Cc. IV, 386, III'; in 2°; 358 × 246 = 30 [283] 45 × 20 [88 (8) 88] 42, ll. 83 (c. VVV1r = 1r); VVV-ZZZ^{8}, 1-43^{8}, 44^{10} = 1-47^{8}, 48^{10}; u-ie i.um iies ptni (C) 1495 (R); got., in corpo maggiore per il testo, minore per il commento; numerazione tipografica delle carte da 1013 a 1398 con alcuni errori; spazi riservati per le iniziali con lettere guida; nota di possesso a c. IVr *Volume di proprietà dell'avv. Giovacchino Doretti che Emma Pacciani, moglie di Lui regala agli Eremiti Camaldolesi di Toscana il 7 luglio 1933*. Legatura (378 × 261 × 80 su 362 × 253 × 53) interamente di restauro molto recente in pelle nera su assi, quattro nervi doppi, capitelli non strutturali in filo bianco e rosso con piedino anteriore; controguardie e guardie cartacee, controguardie incollate pienamente. Conservata a parte la legatura precedente (368 × 254 × 70), in tela nera su quadranti di cartone, sul dorso etichetta bianca con il numero *378* a penna; controguardie di carta viola pienamente incollate. Macchie di umidità.

Tav. X

10

Inc. 12

Composito di tre sezioni, la prima delle quali è una cinquecentina

Cc. I, 378, I'; a c. 1r due antiche segnature: la prima (s. XVII/XVIII), sull'angolo superiore esterno, *CXLII*, la seconda, *Inscriptus Catalogo S.E.C. I IV 7*, è la segnatura "a triangolo" di Odoardo Baroncini (1655-1741). Legatura antica (323 × 219 × 68 su 309 × 210 × 60) in mezza pelle su quadranti di cartone, tre nervi in pelle, capitelli assenti, dorso rivestito di carta marrone spruzzata di nero e recante un tassello di pelle rossa con il nome degli autori, i titoli, il luogo e le date di stampa impressi in oro; sui tagli anteriore e inferiore, a penna, i nomi degli autori; sulla controguardia anteriore residui di un cartellino incollato dove verosimilmente si trovava una precedente numerazione ora abrasa e illeggibile, apposta nella seconda metà del s. XVIII; controguardie e guardie cartacee; controguardie pienamente incollate.

I (cc. 1-190)

Lattanzio, *Opera*; Tertulliano, *Adversus gentes apologeticus*, a cura di Pierio Valeriano (Giovanni Pietro Dalle Fosse, 1477-1560), Venezia, Giovanni Tacuino, 1502, gennaio 3 e 9.

II (cc. 191-270)

1496 maggio 31 o giugno 1, Venezia, Filippo Pinzi

Bibliografia dell'edizione: BMC, V 497; Bod-inc, P-275; BSB-Ink, P-449; Goff, *Incunabula*, P-611; Günt (L), 3549; **GW, M33049**; Hain, *Repertorium*, 12925*; IBE, 4585; IBP, 4420; IBPort, 1439; IGI, 3910; *Incunaboli a Ragusa*, 35; **ISTC, ip00611000**; Klebs, *Incunabula scientifica et medica*, 403.6; Li Calsi, *Palermo*, 430; Madsen, *Katalog*, 3219; Mendes, *Catálogo*, 1022; Péligry,

Midi-Pyrénées, 637; Petrella, *BUNa*, 303; Polain, *Catalogue*, 4655; Proctor, *Index*, 5312; Sajó - Soltész, *Catalogus*, 2704; Sheppard, *Catalogue*, 4401; Šimáková - Vrchotka, *Katalog*, 1548; Voull (B), 4358.

Bibliografia dell'esemplare: Scapecchi, *Camaldoli*, 126 nr. 14.

Francesco Filelfo, *Orationes et alia* (cc. a2r-n7v = 192r-269v), precedono la dedica a Ludovico Maria Sforza, luogotenente del ducato di Milano, datata Milano, 27 maggio 1481, e la tavola (c. a1v = 191v)

Orazione funebre per Francesco Sforza, duca di Milano (tenuta a Milano in Duomo il 9 marzo 1467; cc. a2r-b5v = 192r-201v)

Orazione funebre per Bianca Maria Visconti, duchessa di Milano (cc. b5v-c3r = 201v-205r)

Orazione funebre per Filippo Borromeo, conte di Arona (tenuta a Milano, in S. Francesco, il 20 agosto 1464; cc. c3r-c4r = 205r-206r)

Orazione funebre per Stefano Federico Todeschini (tenuta a Milano, in S. Ambrogio, nel 1440; cc. c4r-c5r = 206r-207r)

Orazione per il patto matrimoniale tra Bona di Savoia e suo figlio Gian Galeazzo Sforza, duchi di Milano, ed Ercole d'Este (per il matrimonio tra Anna Maria Sforza e Alfonso d'Este; tenuta a Milano il 7 giugno 1477; c. c5rv = 207rv)

Orazione per le nozze di Beatrice d'Este e Tristano Sforza (Ferrara, 6 aprile 1455; cc. c5v-d1r = 207v-209r)

Lettera a Ludovico Casella, segretario del duca Borso d'Este (Milano, 8 agosto 1455; c. d1r = 209r)

Orazione per le nozze di Teodoro Piatti ed Elisabetta Visconti (cc. d1r-d2v = 209r-210v)

Orazione per le nozze di Pietro Birago ed Elisabetta Princivalle (Milano, 11 settembre 1458; cc. d2v-d3r = 210v-211r)

Orazione per le nozze di Gian Antonio Simonetta e Margherita Cotta (c. d3rv = 211rv)

Orazione per le nozze di Giulia Maurizi e Raimondo Attendolo (cc. d3v-d4r = 211v-212r)

Orazione per le nozze di Margherita Arcimboldi e Antonio Crivelli (Milano, 25 giugno 1458; c. d4rv = 212rv)

Orazione a Pio II per conto di Francesco Sforza, duca di Milano (tenuta a Mantova il 18 settembre 1459; cc. d4v-d6r = 212v-214r)

Orazione per la nomina di Giacomo Borromeo a vescovo di Pavia (Pavia, 25 settembre 1456; cc. d6r-e1r = 214r-215r)

Canzone in volgare in lode del principe Filippo Maria Visconti e in occasione dell'ingresso in Pavia del vescovo Giacomo Borromeo (Pavia, 25 settembre 1456; c. e1rv = 215rv)

Orazione ai cittadini di Como in lode del vescovo Lazzaro Scarampi (tenuta nella Cattedrale di Como il 16 novembre 1460; cc. e1v-e3r = 215v-217r)

Orazione per Teodoro Piatti (tenuta nella Cattedrale di Pavia il 3 agosto 1460; cc. e3r-e4r = 217r-218r)

Orazione *In principio studii* (Milano, *s.d.*; c. e4rv = 218rv)

Orazione a Sisto IV (c. e4v = 218v)

Orazione *In studio urbis Romae* (Roma, 12 gennaio 1475; cc. e4v-e5r = 218v-219r)

Orazione a Sisto IV (c. e5r = 219r)

Orazione consolatoria a Iacopo Antonio Marcello per la morte del figlio Valerio (Milano, 25 dicembre 1461; cc. e5r-h2v = 219r-234v)

Pseudo-Aristotele, *Rhetorica ad Alexandrum* (traduzione di Francesco Filelfo datata Firenze, 22 giugno 1440; cc. h3v-k1r = 235v-245r), precedono la prefazione della traduzione di Francesco Filelfo dedicata al cardinale Alfonso Carrillo de Albornoz (cc. h2v-h3r = 234v-235r) e la prefazione dello Pseudo-Aristotele (c. h3rv = 235rv)

Pseudo-Plutarco, *Apophthegmata* (cc. k1v-l4v = 245v-254v), precede la prefazione della traduzione di Francesco Filelfo dedicata a Filippo Maria Visconti (c. k1rv = 245rv)

Pseudo-Plutarco, *Apophthegmata Laconica* (traduzione di Francesco Filelfo datata Milano, 1 ottobre 1454; cc. l4v-n2r = 254v-264r), precede la prefazione della traduzione dedicata a Niccolò V (c. l4v = 254v)

Francesco Filelfo, [*Annotatio legum apud veteres scriptores crebrius commemoratarum. Lex Pompeia*] (c. n2rv = 264rv), precede la premessa a Federico Corner (Bologna, 11 aprile 1439; c. n2r = 264r)

Francesco Filelfo, Lettera consolatoria al nipote Pietro Giustino Filelfo per la morte della madre Alfina (16 febbraio 1476; cc. n2v-n3r = 264v-265r)

Francesco Filelfo, *Istruzione del ben vivere*, dedicato a Filiberto I, duca di Savoia (cc. n3r-n4v = 265r-266v)

Galeno, *Ad medicinam introductorium*, traduzione di Giorgio Valla (cc. n4v-n7v = 266v-269v), precede la prefazione del traduttore a Iacopo Antiquari, segretario del duca di Milano (c. 4nv = 266v)

Seguono il *colophon* e il registro (c. n7v = 269v)

(c. n7v = 269v) *Impressum Venetiis per Philippum de Pinzis Mantuanum anno Domini MCCCCXCVI, primo kalendas iunii.*

Cc. 80; in 2°; 309 × 211 = 23 [239] 47 × 15 [151] 45, ll. 60 (c. a3r = 193r); a-m^{6}, n^{8} = 1-12^{6}, 13^{8}; fumo uica mamo qmal (3) 1496 (R); rom., grc.; iniziali xilografiche e spazi riservati per iniziali con lettere guida; occhietto a c. a1r = 191r; macchie di umidità. Non impressa la c. n8 = 270.

III (cc. 271-378)

1497 maggio 31, Venezia, Bernardino Benali

Bibliografia dell'edizione: Aquilon, *Région Centre*, 283; Arnoult, *Champagne*, 583; BMC, V 376; Bod-inc, E-051; BSB-Ink, E-118; CIBN, E-96; CCIR, E-15; Copinger, *Supplement*, 6706*; Döring - Fuchs, *Inkunabeln*, E-38, E-39; Durand, *Nice*, 19; Goff, *Incunabula*, E122; Gspan - Badalić, *Inkunabule v. Sloveniji*, 266; Günt (L), 3119; **GW, 9444**; IBE, 2345; IBP, 2099; IBPort,

686; IGI, 3758; *Incunaboli a Catania I*, 67, 77 I; *Incunaboli a Cesena*, 219 I; **ISTC, ie00122000**; Lökkös, *Genève*, 181; Maignien, *Grenoble*, 264; Martín Abad, *Catálogo*, E-28; Mittarelli, *Bibliotheca codicum manuscriptorum*, App., coll. 150-152; Mittler - King, *Göttingen*, 1789; Oates, *Cambridge*, 1924; Ohly - Sack, *Frankfurt am Main*, 1111; Parguez, *Rhône-Alpes*, 412; Pell, 4645; Polain, *Catalogue*, 1433; Proctor, *Index*, 4893; Sack, *Freiburg*, 1382, 1383; Sajó - Soltész, *Catalogus*, 1277; Sallander, *Uppsala*, 2195; Sander, *Livres à figures*, 2610; Scapecchi, *Firenze*, 1120; Sheppard, *Catalogue*, 3999; SI, 1470; Šimáková - Vrchotka, *Katalog*, 730; Torchet, *Pays de la Loire*, 336; Voull (B), 4099; Walsh, *Harvard*, 2109.

Bibliografia dell'esemplare: Scapecchi, *Camaldoli*, 126 nr. 12.

Eusebio di Cesarea, *De evangelica praeparatione*, traduzione di Giorgio Trapezunzio, a cura di Girolamo Bologni (cc. a4v-o4v = 274v-376v)

Precedono: Girolamo Bologni, otto endecasillabi, inc. *Errores hominum vetustiorum / sacris Eusebius libris refellit. / Ignoti latebras sinusque veri / divino docet ore praedicatque* (c. a2r = 272r); Girolamo Bologni, Indice della traduzione (cc. a2r-a3v = 272r-273v); Giorgio Trapezunzio, Prefazione dedicata a papa Niccolò V (c. a4rv = 274rv).

Seguono: Girolamo Bologni, Epistola ad Alberto Onigo, inc. *Magna, Alberte clarissime ac rerum dignarum studiosissime, priscos homines* (c. o5rv = 377rv); Girolamo Bologni, Carme, inc. *Eusebius Graio tantum sermone loquebar / nec poteram Latiis utilis esse viris*, cinque distici elegiaci (c. o5v = 377v), il *colophon* (c. o5v = 377v), il registro e la marca tipografica (c. o6r = 378r)

(c. o5v = 377v) *Eusebii Pamphilii De evangelica praeparatione opus a doctissimo utriusque linguae interprete Georgio Trapezuntio e Graeco in Latinum versum Bernardinus Benalius exactissima impressit diligentia Venetiis anno humanitatis Christi MCCCCLXXXXVII, pridie kalendas iunias. Cum gratia, ut in ea patet.*

Cc. 108; in 2°; 309 × 207 = 28 [236] 45 × 23 [151] 33, ll. 45 (c. b4r = 284r); a^{10}, b^{8}, c^{6}, d-m^{8}, n-o^{6} = 1^{10}, 2^{8}, 3^{6}, 4-12^{8}, 13-14^{6}; i.v. o-ra atfo bani (C) 1497 (R); rom.; spazi riservati per le iniziali con lettere guida quasi esclusivamente per le iniziali minori; occhietto a c. a1r = 271r e privilegio di stampa a c. a1v = 271v; *maniculae* alle cc. d8r = 302r, f5r = 315r; marca tipografica a c. o6r = 378r: san Girolamo, seduto, regge una piccola chiesa nella mano destra e un libro nella sinistra, ai suoi piedi è accovacciato un leone (Kristeller, *Italienische Buchdrucker*, 186; Zappella, *Marche*, 680). Macchie di umidità su diverse carte.

Tav. XI

11

Inc. 13

1475 dicembre 20, Roma, Ulrich Han

Bibliografia dell'edizione: BMC, IV 25; Bod-inc, E-083; BSB-Ink, E-153; CIBN, E-136;

Copinger, *Supplement*, 6819*; Döring - Fuchs, *Inkunabeln*, E-52; Goff, *Incunabula*, E-171; Günt (L), 2414; **GW, 9530**; IBE, 2366; IBP, 2114; IGI, 3772; *Incunaboli a Catania I*, 34; **ISTC, ie00171000**; Madsen, *Katalog*, 1546; Mittarelli, *Bibliotheca codicum manuscriptorum*, App., col. 153 (cit.); Oates, *Cambridge*, 1378; Ohly - Sack, *Frankfurt am Main*, 1117; Pell, 4703; Petrella, *BUNa*, 165; Proctor, *Index*, 3364; Rao, *Incunaboli della Biblioteca Medicea Laurenziana*, 204; Sallander, *Uppsala*, 1713; Scapecchi, *Firenze*, 1148; Sheppard, *Catalogue*, 2685; SI, 1493; Voull, *Bonn*, 19.

Bibliografia dell'esemplare: Scapecchi, *Camaldoli*, 126 nr. 13.

Albrecht von Eyb, *Margarita poetica* (cc. 19r-322r)

Precedono la tavola (cc. 1r-17v) e la lettera di dedica a Johann von Pfalz-Simmern, vescovo di Münster (c. 19rv)

Seguono il *colophon* (c. 322r) e il registro (c. 323r)

(c. 322r) *Summa oratorum omnium poetarum ac ph*[*i*]*losophorum auctoritates in unum collecte per clarissimum virum Albertum de Eiib utriusque iuris doctorem eximium, que Margarita poetica dicitur, feliciter finem adepta est per ingeniosum virum magistrum Udalricum Gallum alias Han Alamanum ex Ingelstat civem Wienensem, non calamo ereove stilo, sed nove artis ac solerti industrie genere, Rome impressa anno incarnationis dominice MCCCCLXXV, die vero XX mensis decembris, anni iubilei, sedente Sixto divina providentia papa IIII, pontifice maximo.*

Cc. 323; in 2°; 312 × 210 = 30 [222] 60 × 26 [140] 44, ll. 44 (c. 24r); 1^{9}, 2^{8}, $3\text{-}7^{10}$, 8^{8}, $9\text{-}12^{10}$, 13^{6}, 14^{8}, $15\text{-}23^{10}$, 24^{12}, $25\text{-}33^{10}$, 34^{12}; .Ti. F.i. O.o. GrGr (C) 1475 (R); rom.; spazi riservati per le iniziali; sulla controguardia anteriore il numero *CXXIII* apposto a fine Settecento da Adelelmo Sestini, Padre Maggiore al Sacro Eremo di Camaldoli negli anni 1795-1799 e 1803-1807, sotto, a penna blu, il numero *62* di mano dell'archivista e bibliotecario Giuseppe Cacciamani (1912-1994); segue la nota manoscritta su cartellino incollato *Alberti de Eyb Margharita Poetica ... Romae, per Uldaricum Gallum, alias Han, 1475, die XX mensis decembris - Buona edizione. Un esemplare della quale fu venduta lire* [...] *soldi 19 tornesi nell'anno 1784*; a c. 1r nota di possesso *Sacrae Camaldulensis Eremi* (s. XVI) e la segnatura "a triangolo" del catalogo di Odoardo Baroncini (1655-1741) *Inscriptus Catalogo I V 25*; *maniculae* alle cc. 225v, 240v e rarissimi segni d'attenzione. Legatura antica consolidata con il restauro (325 × 220 ×80 su 313 × 211 × 64) in mezza pelle marrone su assi, decorata con due rettangoli (uno inserito nell'altro) e con motivi geometrici impressi a secco, quattro nervi, capitelli in filo giallo con piedino anteriore e anima in pelle, dorso rivestito di pelle marrone spruzzata di nero e recante un tassello di pelle rossa con il nome dell'autore, il titolo, il luogo e la data di stampa impressi in oro; residui metallici di due fermagli sul piatto anteriore; antiche controguardie cartacee pienamente incollate. Non impressa la c. 18. L'esemplare, in buono stato di conservazione, presenta diverse macchie brune.

Tav. XII

12

Inc. 15

1489 febbraio 6, Venezia, Tommaso de Blavis

Bibliografia dell'edizione: Aquilon, *Région Centre*, 323; Arnoult, *Champagne-Ardennes*, 704; BMC, V 318 (a); BSB-Ink, G-273 (a), G 279 (b); Coll (S) 473; Copinger, *Supplement*, 7908 (a); Essling, *Livres à figures*, 522 (b); Goff, *Incunabula*, G-379; **GW, 11380**; Hain, *Repertorium*, 7908* (b); Hubay, *Augsburg*, 924; IBE, 6368; IBP, 2457; IGI, 4407; *Incunaboli a Siracusa*, 46; **ISTC, ig00379000**; Lefèvre, *Languedoc*, 217 (a); Madsen, *Katalog*, 1762; Neveu, *Haute-Normandie*, 269 (a); Oates, *Cambridge*, 1878 (a); Ohly - Sack, *Frankfurt am Main*, 1260; Pell, 5328 (b); Polain, *Catalogue*, 1682 (b); Proctor, *Index*, 4766 (a); Sajó - Soltész, *Catalogus*, 1454; Sander, *Livres à figures*, 3262 (b); Voull (B), 3811; Walsh, *Harvard*, 1911; Will, *Decreti Gratiani incunabula*, 28.
Bibliografia dell'esemplare: Scapecchi, *Camaldoli*, 126 nr. 15.

Graziano, *Decretum* con il commento di Giovanni Teutonico, rielaborato da Bartolomeo da Brescia (cc. a2ra-T8ra)
Precedono nove distici elegiaci di Giovanni Pietro (*Giano Pirro*) Pincio, inc. *Conspicis horrifice qualem sub imaginis umbra, / me cernet tristi noxia turba die* e la dedica al cardinale Domenico Grimani (c. a1rv = 1rv)
Seguono la marca tipografica e il registro (c. T8r = 520r)

(c. T8ra = 520ra) *Divinus decretorum codex impressus Venetiis impensa ac diligentia Thomae de Blavis de Alexandria feliciter explicit anno salutis christiane millesimo CCCCLXXXVIIII, die VI februarii, Innocentio octavo pontifice maximo, Augustino Barbadico inclyto Venetorum principe.*

Cc. 520; in 4°; 237 × 169 =14 [192] 31 × 15 [63 (3) 70] 18, ll. 63 (c. x2r = 242r); a-z^{12}, et^{12}, cum^{8}, A-S^{12}, T^{8} = 1-24^{12}, 25^{8}, 26-43^{12}, 44^{8}; eoi. upec urs. peEc (C) 1489 (R); got., corpo maggiore per il testo, minore per il commento; spazi riservati per le iniziali talora con letterine guida; a c. a1r = 1r xilografia che raffigura Dio con gli apostoli Pietro e Paolo; in rosso i titoli, stampati in rosso anche *incipit*, *colophon* e marca tipografica: un libro chiuso da fermagli con al centro un fiore a quattro petali sormontato da una corona, sotto le iniziali *T A* (c. T8r = 520r; Zappella, *Marche*, 808; Kristeller, *Italienische Buchdrucker*, 200); note di possesso e antica segnatura manoscritte a c. a1r = 1r *Del beneficio di Pratale appartenente al Sacro Eremo di Camaldoli*, *Camli* (*Camalduli*) *B V* (s. XVII); sul contropiatto anteriore la numerazione *DLVIII* depennata, apposta a fine Settecento da Adelelmo Sestini, Padre Maggiore al Sacro Eremo di Camaldoli negli anni 1795-1799 e 1803-1807, sotto la quale, a penna blu, il numero *43* apposto dall'archivista e bibliotecario Giuseppe Cacciamani (1912-1994); *maniculae* alle cc. b1rb = 13rb, b12rb = 24rb, h4va = 88va, i4va = 100va, o7va = 163va, p12ra = 180ra, q4va = 184va, s1vb = 205vb, s6va = 210va, v10va = 238va, v12rb = 240 rb, y12rb = 264rb, z1va = 265va, E12ra = 356ra, F5va = 361va, I2va = 394va, O9ra = 461ra, Q4va = 480va; presenti alcune note marginali e segni di attenzione (s. XV/XVI). Legatura antica (253 × 178 × 88 su 238 × 168 × 75) in mezza pelle marrone su assi, decorata con riquadri, losanghe e altri motivi ornamentali impressi a secco, tre nervi, capitelli in filo giallo, anima in pelle, dorso ricoperto di pelle marrone spruzzata di nero e recante un tassello di pelle rossa con il titolo dell'opera, il luogo e la data di stampa impressi in oro; residui di due fermagli sul piatto anteriore; controguardie cartacee pienamente incollate, su quella anteriore piccoli cerchi disegnati e collegati fra loro. L'esemplare, in buono stato di conservazione, presenta diverse macchie d'umidità; è stato restaurato nel 2006/2007.

Tav. XIII

13

Inc. 16

1480 giugno 14, Venezia, Reynald van Nijmegen

Bibliografia dell'edizione: Aquilon, *Région Centre*, 327; BMC, V 256; Bod-inc, G-222; BSB-Ink, G-318, G 279 (b); CCIR, G-52; Coll (U), 634; Copinger, *Supplement*, 7930*; GfT, 1993; Goff, *Incunabula*, G-430; Gspan-Badalić, *Inkunabule v. Sloveniji*, 300; Günt (L), 3614; **GW, 11437**; Hain, *Repertorium*, 7908* (b); Hillard, *Mazarine*, 917; Hubay, *Ottobeuren*, 182; IBE, 2716; IBP, 2493; IBPort, 789; IDL, 2097; IGI, 4442; **ISTC, ig00430000**; Lefèvre, *Languedoc*, 219; Madsen, *Katalog*, 1788; Martín Abad, *Catálogo*, G-64; Mendes, 562, 563; Mittler - Kind, *Göttingen*, 2166; Parguez, *Rhône-Alpes*, 486; Pell, 5379; Polain, *Catalogue*, 1715; Proctor, *Index*, 4437; Rhodes, *Oxford*, 862; Sack, *Freiburg*, 1630; Sajó - Soltész, *Catalogus*, 1474; Sander, *Livres à figures*, 3262 (b); Scapecchi, *Firenze*, 1308; Schmitt, *Berlin*, 3824, 5; Sheppard, *Catalogue*, 3572-3573; SI, 1739; Šimáková - Vrchotka, *Katalog*, 848-849; Torchet, *Pays de la Loire*, 397; Voull (B), 3824, 5.
Bibliografia dell'esemplare: Scapecchi, *Camaldoli*, 126 nr. 16.

Gregorio I, papa, *Moralia in Iob*, a cura di Bartolomeo da Cremona (cc. c6ra-I4vb = 22ra-346vb)
Precedono la prefazione di Domenico Dominici, vescovo di Brescia (c. a1v = 1v), la tavola (cc. a2ra-b7vb = 2ra-15vb), l'epistola di Gregorio I a Leandro, vescovo di Siviglia (cc. c2ra-c3rb = 18ra-19rb) e la premessa (cc. c3rb-c6ra = 19rb-22ra)
Seguono il *colophon* (c. I4vb = 346vb) e il registro (c. I5r = 347r)

(c. I4vb = 346vb) *Expletum est opus istud Moralium beati Gregorii pape diligentissime correctum et emendatum per dominum Bartholomeum Cremonensem canonicum regularem. Impressum Venetiis per Reynaldum de Novimagio Teutonicum anno Domini millesimo quadringentesimo octuagesimo, quartodecimo iunii, presidente Venetiis inclyto duce Ioanne Mozenigo.*

Cc. I, 348, I'; in 2°; 324 × 223 =32 [228] 64 × 27 [64 (10) 64] 58, ll. 55 (c. c5r = c. 21r); a-b[8], c[10], d[8], [delta][10], e-h[10], i[8], k[10], l-q[8], r (a forma di due)[10], r-t[10], v[10], u[10], x-z[10], et[8], cum[10], rum[10], A[8], B[10], C[8], D-G[10], H[8], I[6]; numerazione a penna per pagina da 1 a 73 con errori e ripetizioni tra le pp. 67 e 73 nelle cc. c2r-f2r = 18r-56r; r.et iii. iiv. nunu (C) 1480 (T); got.; spazi riservati per le iniziali con lettere guida; nota di possesso (s. XVI) a c. a1r = 1r *Sacrae Camaldulensis Eremi*, ripetuta a c. a2r = 2r con l'aggiunta *Inscriptus Catalogo* e la segnatura "a triangolo" del catalogo di Odoardo Baroncini (1655-1741) *C III.14*; varie annotazioni manoscritte (s. XVII), ad esempio quelle marginali alle cc. a1v = 1v, b5v = 281v; prove di penna (s. XVIII) alle cc. c3r = 19r, c. I6r = 348r, I'r. Legatura antica (345 × 231 × 90 su 330 × 228 × 72) in pelle su assi, quattro nervi, capitelli in filo giallo e rosso con piedino anteriore, anima in pelle, piatti decorati con riquadri e losanghe e altri motivi ornamentali impressi a secco, dorso rivestito di pelle marrone spruzzata di nero e recante un tassello di pelle rossa con il nome dell'autore, il titolo, il luogo e la data di stampa impressi in oro; residui metallici dei fermagli sul piatto anteriore, sul taglio davanti il nome dell'autore e il titolo del volume; controguardie e ultima carta di guardia cartacee, in pergamena la guardia iniziale, controguardie incollate pienamente. Non impresse le cc. b8 = 16, c1= 17. L'esemplare, in buono stato di conservazione, è stato restaurato nel 2006/2007.

Tav. XIV

14

Inc. 17

1486 giugno 15, Firenze, Niccolò di Lorenzo della Magna

Bibliografia dell'edizione: BMC, VI 631; Bod-inc, G-223; BSB-Ink, G-322; Chiodi, *Indice degli incunaboli*, 157 nr. 570; Copinger, *Supplement*, 7935*; Essling, *Livres à figures*, 321; Goff, *Incunabula*, G-435; **GW, 11438**; Hillard, *Mazarine*, 919; IGI, 4447; **ISTC, ig00435000**; Mittler - Kind, *Göttingen*, 2168; Madsen, *Katalog*, 1794; Petrella, *BUNa*, 181; Pell, 5383; Girolamini, 14; Polain, *Catalogue*, 1719; Proctor, *Index*, 6132; Sajó - Soltész, *Catalogus*, 1477; Sander, *Livres à figures*, 3279; Scapecchi, *Firenze*, 1311; Sheppard, *Catalogue*, 5065-5066; Voull (B), 2886.
Bibliografia dell'esemplare: Scapecchi, *Camaldoli*, 126 nr. 17.

Gregorio I, papa, *Moralia in Iob* (II parte, libri 20-35), traduzione di Zanobi da Strada, il cui completamento è attribuito a Giovanni da San Miniato (cc. a1ra-Ss5vb = 1ra-263vb)
Precedono, per ciascun libro, la tavola dei capitoli e il prologo
Seguono il *colophon* e una notizia sull'autore (c. Ss5vb = 263vb)

(c. 2S5vb = 263vb) *Fine del libro trigesimo quinto, et ultimo de Morali di sancto Gregorio papa et doctore della sancta Chiesa sopra la vita di Iob propheta. Impresso nella dignissima cictà di Firenze per Nicholo di Lorenzo della Magna nell'anno della natività del Signore MCCCCLXXXVI, adi XV del mese di giugno.*

Cc. I, 263, I'; in 2°; 320 × 212 = 29 [240] 51 × 28 [73 (10) 73] 28, ll. 44 (c. A2r = 2r); A-Q^{8}, Aa^{10}, Bb-Rr^{8}, Ss^{6} (-Ss6) = 1-16^{8}, 17^{10}, 18-32^{8}, 33^{5}, manca la numerazione tipografica nella prima carta del fascicolo Aa, che inizia dalla seconda carta con Aa1; x:o: zila nala fida (C) 1486 (R); rom.; spazi riservati per le iniziali, in gran parte con lettere guida; a c. Ir *Morali de sancto Gregorio papa*; correzioni testuali alle cc. Ii2va = 196va, Ii5va = 199va; *manicula* a c. K5rb = 77rb; sulla controguardia anteriore il numero *CCCLXXX* apposto a fine Settecento da Adelelmo Sestini, Padre Maggiore al Sacro Eremo di Camaldoli negli anni 1795-1799 e 1803-1807; su quella posteriore *YHS 1535*; a c. a1r = 1r note di possesso e antiche segnature: *Sacrae Camaldulensis Eremi* (s. XVI), *Sacrae Eremi Camalduli Inscriptus Catalogo C 45* (s. XVI/XVII); segue *Camli* (*Camalduli*) *A IV* (s. XVII); a c. Iv segnatura precedente *65*, a penna blu, di mano dell'archivista e bibliotecario Giuseppe Cacciamani (1912-1994). Legatura antica (332 × 222 × 67 su 318 × 215 × 57) in pelle su assi, quattro nervi, capitelli in filo, quello superiore giallo e rosso e con piedino anteriore, quello inferiore sbiadito, anima in pelle, piatti decorati con riquadri, losanghe e motivi vegetali impressi a secco sul piatto anteriore e a forma di reticolo sul dorso; residui metallici dei fermagli sul piatto anteriore; controguardie cartacee e guardie in pergamena, controguardie pienamente incollate. Le guardie sono costituite da una singola carta membranacea, proveniente da un codice in tarda carolina di grande formato del s. XII contenente Beda, *Homiliae* I, 11 (*PL*, 94, coll. 61-63), inc. *in sacramentorum suorum dispensatoribus* (*Hom.* I, 11, col. 61, lin. 1), expl. *quam conservare in nobis* (*Hom.* I, 11, col. 63, lin. 50). Il testo del manoscritto si presenta in quest'ordine: cc. Iva, I'ra, Ivb, I'rb, Ira, I'va, Irb, I'vb. L'esemplare, in buono stato di conservazione, è stato restaurato nel 2006/2007.

Tav. XV

15

Inc. 19

[1475-1476]*, Venezia, Nicolas Jenson

Bibliografia dell'edizione: Barbieri, *Malerbi*, 149-150; Bod-inc, J-072; Bodemann, *Hannover*, 213; Castan, *Besançon*, 971; CIBN, J-116; Copinger, *Supplement*, 6497; Goff, *Incunabula*, J174; **GW, 14074**; Hillard, *Mazarine*, 1123; IGI, 5037; **ISTC, ij00174000**; Oates, *Cambridge*, 1637; Pagnotta, "*Legenda aurea*", p. 87 (e tavv. 1-5); Pell (V), 131; Pell, *Ms*, 6541 (6514); Proctor, *Index*, 4094A; Scapecchi, *Firenze*, 1510; Sheppard, *Catalogue*, 3265; Šimáková - Vrchotka, *Katalog*, 1093; Voull (B), 3664.
Bibliografia dell'esemplare: Scapecchi, *Camaldoli*, 127 nr. 19.

Iacopo da Varazze, *Legenda aurea*, nel volgarizzamento di Nicolò Malerbi (cc. 4ra-318rb)
Precedono l'epistola del volgarizzatore datata 1 luglio 1475 (c. 1v), il prologo (c. 2ra-b) e la tavola suddivisa per mese (cc. 2rb-3vb)
Segue il *colophon* a c. 318r

(c. 318r) *A laude de Dio finisse le legende de tutti li sancti et le sancte dalla romana sedia acceptati et honorati impresse per maestro Nicolo Ienson franzose, regnante Sixto quarto pontifice maximo et Pietro Mozenigo inclyto duce de Venetia.*

Cc. II, 319, I'; in 2°; 394 × 271 = 34 [283] 77 × 30 [84 (15) 84] 58, ll. 51 (c. 5r); 1-15^{10}, 16^{9}, 17-31^{10}, 32^{6}, 33^{4}; i.a. lau- lapo fose (C) 1475 (Q); rom.; presente numerazione manoscritta in cifre romane sul margine superiore esterno delle carte; a c. 4r iniziale ornata *P*, in verde, rosso, azzurro e oro all'interno della quale è raffigurata la Madonna con Gesù bambino; sul margine inferiore della stessa carta, circondato da racemi di vari colori, si trova lo stemma della famiglia Rucellai (dentro una ghirlanda di alloro, stemma d'oro e blu al cui interno, su campo rosso, c'è il leone d'argento rampante simbolo della famiglia), numerose iniziali filigranate in rosso o viola e blu; a c. 1r il monogramma *CLS* indica che il volume è appartenuto al monastero di Classe; a c. 3ra nota manoscritta che rinvia al testo relativo a santa Caterina da Siena presente nell'esemplare. Legatura (410

× 290 × 75 su 395 × 274 × 60) in cuoio impresso su cartone (s. XVIII/XIX), cucitura su sette nervi a rilievo, capitelli in filo dorato con piedino anteriore, coperta bordata da una cornice dorata a doppio filetto, sul dorso in oro il titolo *Legendario di Sancti* e i sette nervi profilati in oro; tagli dorati; alla fine del volume sono allegate quattro carte sciolte, corrispondenti alle cc. 44-47 di un esemplare della stessa edizione; controguardie cartacee incollate pienamente. Non impressa la c. 319.

* In base ai dati ricavati dall'epistola e dal *colophon*, l'edizione è attribuita dai repertori al periodo compreso tra il 1 luglio 1475 e il 23 febbraio 1476, data di morte del doge Mocenigo.

Tav. XVI

16

Inc. 20

[1488 agosto 9, Venezia, Boneto Locatello per Ottaviano Scoto]

Bibliografia dell'edizione: Ageno, *Catalogus*, 267 nr. 426; Armstrong - Scapecchi - Toniolo, *Seminario Vescovile,* 81-82 nr. 294; BSB-Ink, N-116; Castan, *Besançon*, 659-660; CCIR, N-11; Chiodi, *Indice degli incunaboli*, 221 nr. 813; CIBN, N-78; *Codici e incunaboli miniati*, 470 nr. 255; Deckert, *Dresden*, 474; Di Viesti, *Teresiana*, nr. 753 (parte III); Goff, *Incunabula*, N -132; Gspan - Badalić, *Inkunabule v. Sloveniji*, 483; **GW, M26546**; Hain, *Repertorium*, 10365*; IBE, *Adiciones*, 4103; IBP, 3948; IBPort, 1277; IGI, 6823; *Incunaboli a Catania I*, 30; **ISTC, in00132000**; Lipari, *Incunaboli e cinquecentine*, XLVI; Mendes, *Catálogo*, 894; Mittarelli, *Bibliotheca codicum manuscriptorum*, App., col. 255; Neveu, *Haute-Normandie*, 445; Parguez, *Rhône-Alpes*, 741; Pell, *Ms*, 8329 (8254); Richard, *Poitou-Charente*, 353; Sajó - Soltész, *Catalogus*, 2408; Sallander, *Uppsala*, 1866; SI, 2811.
Bibliografia dell'esemplare: Scapecchi, *Camaldoli*, 127 nr. 20.

Niccolò da Lira, *Postilla super totam Bibliam* (parte I, cc. 1 2ra-43 10vb = 2ra-418vb)
Precede l'elenco manoscritto dei libri dell'Antico Testamento (s. XVI/XVII)

Primo prologo *de emendatione Sacre Scripture in generali* (cc. 1 2ra-1 3ra = 2ra-3ra).
Secondo prologo *de intentione auctoris et modo procedendi* (cc. 1 3ra-1 4ra = 3ra-4ra)
Genesi (cc. 1 4ra-5 6va = 4ra-46va)
Esodo (cc. 5 6va-9 1vb = 46va-81vb
Levitico (cc. 9 2ra-10 10ra = 82ra-100ra)
Numeri (cc. 10 10ra-13 1rb = 100ra-121rb)
Deuteronomio (cc. 13 1rb-15 2va = 121rb-142va)
Giosuè (cc. 15 2va-16 5va = 142va-155va)
Giudici (cc. 16 5 va-17 8 rb = 155va-168rb)

Ruth (cc. 17 8rb-17 10ra = 168rb-170ra)
I Re (cc. 17 10rb-19 10rb = 170rb-190rb)
II Re (cc. 19 10va-21 5va = 190va-205va)
III Re (cc. 21 5va-23 3va = 205va-223va)
IV Re (cc. 23 3va-24 8rb = 223va-238rb)
Paralipomeni I (cc. 24 8rb-26 3vb = 238rb-251vb)
Paralipomeni II (cc. 26 3vb-27 6vb = 215vb-262vb)
Commento alla 'Preghiera di Manasse', inc. *Ista oratio regis Manasse non est in Hebreo* (c. 27 6vb = 262vb)
I Esdra (cc. 28 1ra-28 6ra = 263ra-268ra)
Neemia (cc. 28 6ra-29 4vb = 268ra-274vb)
II Esdra (cc. 29 4vb-29 8vb = 274vb-278vb)
Tobia (cc. 30 1ra-30 7ra = 279ra-285ra)
Giuditta (cc. 30 7ra-31 3rb = 285ra-291rb)
Ester (cc. 31 3rb-31 7ra = 291rb-296ra)
Giobbe (cc. 31 7ra-34 10vb = 296ra-328vb)
Proverbi (cc. 35 1ra-36 10rb = 329ra-348rb)
*Ecclesiast*e (cc. 36 10rb- 37 10ra = 348rb-358ra)
Cantico dei cantici (cc. 37 10ra-38 7rb = 358ra-365rb)
Sapienza (cc. 38 7rb-40 1rb = 365rb-379rb)
Ecclesiastico (cc. 40 1rb-43 10vb = 379rb-418vb)

Cc. 418; in 2°; 307 × 204 = 31 [220] 56 × 23 [65 (8) 65] 43, ll. 59 (c. 1 6r = 6r); $1\text{-}24^{10}$, $25\text{-}26^{8}$, 27^{6}, $28\text{-}29^{8}$, $30\text{-}43^{10}$; m:o* isma res- nemi (C) 1488 (Q); got.; spazi riservati per le iniziali con lettere guida manoscritte nella prima parte del volume, talora in inchiostro rosso; soprattutto nella prima parte numerose note di mani diverse anche in rosso (s. XVI); *maniculae*, segni di paragrafo anche in rosso e segni di attenzione; sul contropiatto anteriore il numero *CXCI* apposto a fine Settecento da Adelelmo Sestini, Padre Maggiore al Sacro Eremo di Camaldoli negli anni 1795-1799 e 1803-1807; antica segnatura a c. 1 2r = 2r *Sacrae Eremi Camalduli Inscriptus Catalogo C 54* (s. XVI/XVII). Legatura antica (322 × 215 × 90 su 309 ×206 ×73) su assi, tre nervi in pelle, residui di pelle sui piatti e tracce della originaria presenza di due fermagli sui tagli esterni; dorso rivestito di pelle scura e recante nella parte superiore un tassello di pelle rossa con il nome dell'autore, il titolo del volume, il luogo e la data di stampa impressi in oro; nella parte inferiore una targhetta bianca col numero *339* a penna; sul taglio anteriore titolo abbreviato. L'esemplare, in buono stato di conservazione, presenta numerose macchie brune di varia natura.

Tav. XVII

17

Inc. 21

1486 aprile 17, Venezia, Andrea Torresano e Tommaso de' Blavis

Bibliografia dell'edizione: Aquilon, *Région Centre*, 640; Armstrong - Scapecchi - Toniolo, *Seminario Vescovile,* 106 nr. 420; BMC, V 308; Bod-inc, T-136; BSB-Ink, T-202; CIBN, T-130; Copinger, *Supplement*, 1335; Goff, *Incunabula*, T231; **GW, M46109**; Hillard, *Mazarine*, 1947; IBE, 5566; IBP, 5245; IGI, 9518; **ISTC, it00231000**; *Itinera ad loca sancta*, <https://bibliothecaterraesanctae.org/images/incunaboli/095i.pdf>; Madsen, *Katalog*, 3887; Martín Abad, *Catálogo*, T-68; Michelitsch, *Thomasschriften*, 8; Parguez, *Rhône-Alpes*, 963; Pell, 938; Proctor, *Index*, 4709; Sajó - Soltész, *Catalogus*, 3233; Scapecchi, *Firenze*, 2810; Sheppard, *Catalogue*, 3779; Voull, *Trier*, 1975.

Bibliografia dell'esemplare: Scapecchi, *Camaldoli*, 127 nr. 21.

Tommaso d'Aquino, *Catena aurea super quattuor evangelistas* (cc. a2r-O10r)

Matteo (cc. a2ra-o10vb = 1ra-113rb)
Marco (cc. p1ra-t6vb = 114ra-149vb)
Luca (cc. u1ra-E8vb = 150ra-237vb)
Giovanni (cc. F1ra-O10rb = 238ra-313rb)
Seguono il *colophon* e il registro (c. O10rb = 313rb)

(c. O10rb = 313rb) *Beati Thome Aquinatis Continuum in quattuor evangelistas finit feliciter, magna cura diligentiaque emendatum atque correctum, impressum Venetiis impensa ingenioque Andree de Asula et Thome de Alexandria sociorum, anno dominici natalis MCCCCLXXXVI, XV kalendas maii.*

Cc. 313; in 2°; 328 × 206 = 26 [254] 48 × 13 [77 (6) 77] 33, ll. 69 (c. b1r = 8r); a^8 (- a1), b-n^8, o^{10}, p-r^8, s-t^6, u-z^8, et^8, cum^8, A-M^8, N-O^{10}= 1^7, 2-13^8, 14^{10}, p-r^8, s-t^6, u-z^8, et-cum^8, A-M^8, N-O^{10}; uqn- acus s:se teid (C) 1486 (R); got., in corpo maggiore per il testo, minore per il commento; spazi riservati per le iniziali, talora manoscritte; all'interno del piatto anteriore si trovano il numero *CCXIX* apposto a fine Settecento da Adelelmo Sestini, Padre Maggiore al Sacro Eremo di Camaldoli negli anni 1795-1799 e 1803-1807; residui di cartellino incollato su cui doveva essere una precedente numerazione, ora abrasa e illeggibile, apposta verosimilmente nella seconda metà del s. XVIII, e, a penna blu, il numero *55* di mano del bibliotecario e archivista Giuseppe Cacciamani (1912-1994); a c. a2r = 1r note di possesso e antiche segnature *Sacrae Camaldulensis Eremi* (s. XVI), *Sacrae Eremi Camalduli Inscriptus Catalogo C 33* (s. XVI/XVII), *Camli* (*Camalduli*) *A III* (s. XVII). Legatura antica (343 × 232 × 68 su 330 × 220 × 47) in pelle su assi, tre nervi in pelle, capitelli non strutturali in filo di colore avana, anima in pelle, piatti decorati con serie di cornici all'interno delle quali si distinguono losanghe e fiori impressi a secco, dorso rivestito di pelle scura recante nella parte superiore un tassello di pelle rossa con il nome dell'autore, il titolo, il luogo e la data di stampa impressi in oro e nella parte inferiore una targhetta bianca col numero *294* a penna; tracce della originaria presenza di due fermagli e residui di chiodini sui piatti; sul taglio davanti autore e titolo dell'opera; controguardie cartacee incollate pienamente.

Tav. XVIII

18

Inc. 22

1495 agosto 3, Venezia, Giovanni Tacuino

Bibliografia dell'edizione: BMC, V 529; BSB-Ink, A-3; CIBN, A-5; Copinger, *Supplement*, 26*; Goff, *Incunabula*, A10; **GW, 126**; IGI, 7; **ISTC, ia00010000**; Pell, 18; Polain, *Catalogue*, 3 (var); Proctor, *Index*, 5437; Voull (B), 4426; Walsh, *Harvard*, 2560.

Esopo, Trenta favole nella traduzione latina di Lorenzo Valla, con la premessa dedicata ad Arnaldo Fonolleda, segretario di Alfonso V d'Aragona, datata Gaeta, 1 maggio 1438*

(c. A8v) *Esopi fabularum XXX tradutinis* [sic] *finis. Impressum Venetiis per magistrum Ioannem de Cereto de Tridino, anno Domini MCCCCXCV, die vero III augusti.*

Cc. I, 8, I'; in 4°; 194 × 140 = 13 [155] 26 × 13 [102] 25, ll. 30 (c. A5r = 5r); rom.; A^8 = 1^8; i.i- atr- i.t. ctne (C) 1495 (R); iniziali xilografiche, tra le quali quella di c. A1r reca un accenno di colorazione. Legatura in pergamena floscia (210 × 154 × 5 su 198 × 145 × 2) interamente di restauro molto recente, con due lacci sul labbro anteriore; guardie cartacee di restauro. Non impressa la c. A8 = 8.

* Le favole tradotte da Valla furono stampate insieme a quelle tradotte da Lorenzo Astemio (ca. 1435 - ca. 1508).

Tav. XIX

19

Fondo Bardi Boccaccini, Inc. 1

1481 marzo 25, [Roma,] D.D.L.D.S.P.V. [Oliviero Servio]*

Bibliografia dell'edizione: BMC, IV 129; BSB-Ink, P-491; Bod-inc, P-298; Borm, *Wolfenbüttel*, 2157; Chiodi, *Indice degli incunaboli*, 267 nr. 971; CCIR, P-85; CIBN, P-362; Copinger, *Supplement*, 259*; Delisle, *Cabinet des livres*, 7; Durand, *Nice*, 295; GfT, 2323; Goff, *Incunabula*, P654; **GW, M33465**; Hillard, *Mazarine*, 1620; Hubay, *Augsburg*, 1669; IBE, 4605; IBPort, 1448; IGI, 7752; **ISTC, ip00654000**; Madsen, *Katalog*, 3340; Mendes, *Catálogo*, 1032; Mittarelli, *Bibliotheca codicum manuscriptorum*, App., col. 359; Pell, 180; Pesante, *Trieste*, 39 nr. 246; Polain, *Catalogue*, 704; Proctor, *Index*, 3958; Ramelli, *Biblioteca Cantonale di Lugano*, 155; Rhodes, *Oxford*, 1403; Rivali, *Servio*, 271; Rossetti, *Catalogo*, 49-50, nr. 39; Sack, *Freiburg*, 2877; Sajo - Soltész, *Catalogus*, 2725; Sallander, *Uppsala*, 1903; Sheppard, *Catalogue*, 3132; SI, 3136; Šimáková - Vrchotka, *Katalog*, 189-190; Voull (B), 3533.

Pio II papa, *Abbreviatio supra Decades Blondi ab inclinatione imperii usque ad tempora Iohannis vicesimi tercii Pontificis Maximi* (cc. 1r-156r)
Seguono il *colophon* e il registro (c. 156rv)

(c. 156r) *XX liber finit foeliciter. D.D.L.D.S.P.V. Anno MCCCCLXXXI.*

Cc. II, 156, II'; in 2°; 287 × 196 = 32 [185] 70 × 29 [105] 62, ll. 32 (c. 23r); 1-4^8, 5-6^6, 7-20^8; :&ia int- Vace ta&A (C) 1481 (R); rom.; iniziali manoscritte in rosso fino a c. 50r, spazi riservati per le iniziali senza lettere guida da c. 57v; nota di possesso a c. Ir *Valerius Ginanneschi 1784*; in seguito l'esemplare è appartenuto al conte Girolamo Mancini (1832-1924); a c. IIv, a lapis, una precedente segnatura *F XII 1.* Legatura (295 × 210 × 30 su 288 × 196 × 25) in pelle maculata su cartone (s. XVIII/XIX), cuciture su tre nervi; sul dorso cinque caselle con decori floreali in oro, nella seconda casella è applicato un tassello di pelle rossa con il titolo e il nome dell'autore impressi in oro; controguardie e guardie in cartoncino decorato con motivi floreali in verde, rosso e oro, controguardie incollate pienamente. L'esemplare, in buono stato di conservazione, è stato restaurato da Maria Luisa Riccardi e Anna Isabel Colombo presso l'ICRCPL nell'aprile 2017; infiltrazioni di umidità e macchie brune di varia natura sono concentrate nella parte superiore delle carte.

* La sigla «D.D.L.D.S.P.V.» non è stata finora sciolta, vedi Rivali, *Servio*, 270-272.

Tav. XX

20

Fondo Bardi Boccaccini, Inc. 2

1483 luglio 30, Venezia, Ottaviano Scoto

Bibliografia dell'edizione: BMC, V 278; Bod-inc, O-029; BSB-Ink, O-84; Chiodi, *Indice degli incunaboli*, 232 nr. 851; CCIR, O-7; CIBN, O-61; Copinger, *Supplement*, 12102*; Daneo, *Incunaboli (Museo Correr)*, 64 nr. 543; Di Viesti, *Teresiana*, 309 nr. 774; Durand, *Nice*, 71; Goff, *Incunabula*, O98; Günt (L), 3683; **GW, M28408**; Hubay, *Augsburg*, 1535; IBE, 4221; IBP, 4057; IBPort, 1323; IDL, 3453; IGI, 7036; *Incunaboli ad Agrigento I*, 45; **ISTC, io00098000**; Madsen, *Katalog*, 2963; Martín Abad, *Catálogo*, O-21; Mittarelli, *Bibliotheca codicum manuscriptorum*, App., col. 305; Mittler - Kind, *Göttingen*, 2408; Pell, *Ms.*, 8788 (8653); Polain, *Catalogue*, 2933; Proctor, *Index*, 4576; Rhodes, *Oxford*, 1276; Sack, *Freiburg*, 2620; Sajo - Soltész, *Catalogus*, 2478; Scapecchi, *Firenze*, 2019; Scardilli - Venezia, *Enna*, 203; SI, 2870; Šimáková - Vrchotka, *Katalog*, 1421-1422; Sheppard, *Catalogue*, 3639-3640; Voull (B), 3905; Walsh, *Harvard*, 1785-1786; Wilhelmi, *Greifswald*, 466.

Paolo Orosio, *Historiarum adversus paganos libri septem*, a cura di Enea Volpi (cc. a2r-n4r = 1r-77r)

Seguono otto distici attribuiti a Bartolomeo Pagello, inc. *Ut ipse titulus margine in primo docet, / Orosio nomen mihi est*, il *colophon* e il registro (c. n4r = 77r)

(c. n4r = 77r) *Pauli Orosii viri clarissimi ad Aurelium Augustinum episcopum et doctorem eximium libri septimi ac ultimi finis. Impressi Venetiis, opera et expensis Octaviani Scoti Modoetiensis, anno ab incarnatione Domini MCCCCLXXXIII, tertio kalendas sextilis, Ioanne Mocenico inclito Venetiarum duce.*

Cc. II, 120; in 2°; 283×196 = 30 [215] 38 × 20 [146] 30, ll. 42 (b1r = 8r); a^7, b-m^6, n^4 = 1^7, 2-12^6, 13^4; le cc. 78-120 sono state aggiunte in occasione del restauro; rau- ost. o-ud tini (C) 1483 (R); rom.; spazi riservati per le iniziali con alcune lettere guida manoscritte; a c. IIv, a lapis, la precedente segnatura *F XII 2*; a c. IIr nota di possesso *Valerius Ginanneschi 1784*; in seguito l'esemplare è appartenuto al conte Girolamo Mancini; presenti alcune note marginali (s. XVI). Legatura (295 × 210 × 30 su 288 × 196 × 25) in pelle maculata su cartone (s. XVIII/XIX), cuciture su tre nervi; sul dorso cinque caselle con decori floreali in oro, nella seconda è applicato un tassello di pelle rossa con il nome dell'autore e il titolo dell'opera impressi in oro; controguardie e guardie in cartoncino decorato con motivi floreali in verde, rosso e oro, controguardie incollate pienamente. L'esemplare, in buono stato di conservazione, è stato restaurato da Maria Luisa Riccardi e Eliana Dal Sasso presso l'ICRCPL nell'aprile 2017; infiltrazioni di umidità e macchie violacee di varia natura sono concentrate nella parte superiore delle carte.

Tav. XXI

21

Fondo Bardi Boccaccini, 306

Composito di due sezioni, di cui la prima è una cinquecentina

Cc. I, 124; a c. Ir, a lapis, una precedente segnatura *E V 4*. Legatura in pergamena (315 × 216 × 24 su 306 × 208 × 18) su piatti di cartone (s. XVIII), cuciture su 3 nervi, capitelli in filo chiaro, anima in pelle; sul dorso, a penna, i nomi degli autori; tagli colorati in rosso; c. I priva dell'angolo inferiore esterno; controguardie e guardie cartacee, controguardie pienamente incollate; numerose infiltrazioni di umidità sulle carte.

I (cc. 1-62)
Diodoro Siculo, *Liber de rebus gestis Philippi regis Macedoniae*; *Liber de rebus gestis Alexandri regis*, traduzione di Angelo Cospi, Venezia, Giorgio Rusconi, 1518 maggio 22

II (cc. 63-124)

1500 ottobre 12, Venezia, Bernardino Vitali

Bibliografia dell'edizione: Aquilon, *Région Centre*, 494; Arnoult, *Champagne-Ardennes*, 1126; BMC, V 549; Bod-inc, O-031; BSB-Ink, O-86; Castan, *Besançon*, 740; CCIR, O-9; CIBN,

O-63; Copinger, *Supplement*, 12104*; Ernst, *Hildesheim*, II,IV 44; Frasson-Cochet, *Auvergne*, 209; Goff, *Incunabula*, O-101; Günt (L), 3844; **GW, M28413**; Hillard, *Mazarine*, 1498; IBE, 4224; IBP, 4059; IBPort, 1325; IGI 7038; *Incunaboli a Catania*, II 101; **ISTC, io00101000**; Madsen, *Katalog*, 2965; Mittler - Kind, *Göttingen*, 2410-2411; Oates, *Cambridge*, 2154-2155; Ohly - Sack, *Frankfurt am Main,* 2175-2176; Parguez, *Rhône-Alpes*, 765; Pell, *Ms*, 8784 (8649); Polain, *Catalogue*, 2935; Proctor, *Index*, 5536; Rhodes, *Oxford*, 1277; Sajó - Soltész, *Catalogus*, 2480; Sallander, *Uppsala*, 2364; Scapecchi, *Firenze*, 2021; Schlechter - Ries, *Heidelberg*, 1372-1373; Schmitt, *Berlin*, I 4475, 10; Sheppard, *Catalogue*, 4597; SI, 2872; Zehnacker, *Alsace (Bas Rhin),* 1712; Walsh, *Harvard*, 2623-2624.

Paolo Orosio, *Historiae adversus paganos*, a cura di Enea Volpi (cc. c1r-n8r = 63r-124r)

Seguono otto versi attribuiti a Bartolomeo Pagello, inc. *Ut ipse titulus margine in primo docet, / Orosio nomen mihi est*, il *colophon*, il registro e la marca tipografica con le iniziali dello stampatore (c. n8r)

(c. n8r = 124r) *Pauli Orosii viri clarissimi ad Aurelium Augustinum episcopum et doctorem eximium libri septimi ac ultimi finis, impressi Venetiis opera et expensis Bernardini Veneti de Vitalibus anno ab incarnatione Domini MCCCCC, die XII mensis octobris, regnante domino Augustino Barbadico.*

Cc. 62; in 2°; 302 × 202 = 24 [240] 38 × 18 [146] 38, ll. 44 (c. c5r = 67 r); c-e^{6}, g-m^{6}, n^{8} = 1-8^{6}, 9^{8}; impronta non rilevabile per la caduta dei fascicoli a, b, f; rom.; iniziali xilografiche e spazi riservati con lettere guida; sottolineature del testo e *manicula* alla c. c5r = 67r; marca tipografica a c. n8r = 124r: cerchio e croce latina incorniciati da tralci di vite, in alto le iniziali *B V* (Zappella, *Marche*, 240).

Tav. XXII

22 Esemplare dubbio

ED. XVI. 38

[Firenze, Bartolomeo de' Libri, 1495-1500?]*

Bibliografia dell'edizione: Goff, *Incunabula,* B309; **GW, 3834**; Hain, *Repertorium*, 2775a; IGI, 1457; **ISTC, ib00309000**; Mittarelli, *Bibliotheca codicum manuscriptorum*, App., col. 52; Ohly - Sack, *Frankfurt am Main*, 451; Periti, *Incunaboli Moreniani*, 86 nr. 15; Rhodes, *Annali tipografici*, 38 nr. 94; Sander, *Livre à figures*, 886; Scapecchi, *Firenze*, 415; Tura, *Saggio*, 30 e n. 52, 62.

Bibliografia dell'esemplare: Scapecchi, *Camaldoli*, 126 nr. 6.

Benedetto (santo), *Regola* (cc. a6v-f8v = 6v-48v)

Precedono il frontespizio (c. a1r = 1r) con il titolo *Regola di sancto Benedecto nuovamente volgarizzata*, la tavola del contenuto (cc. a1v-a3v = 1v-3v) e il proemio (cc. a4r-a6v = 4r-6v)

Seguono il *colophon* e l'errata corrige dal titolo *Certi errori* (c. f8v = 48v)

(c. f8v = 48v) *Fine della regola del nostro Santissimo Padre Benedecto.*

Cc. 48, I'; in 8°; 136 ×100 = 10 [108] 18 × 15 [65] 20, ll. 29 (c. b1r = 9r); a-f^8 = 1-6^8; richiami alla fine dei fascicoli ad eccezione del fascicolo a (senza lacuna testuale); i.i. cola l-o- naro (C) 1495 (Q); rom.; iniziali xilografiche semplici e una ornata (c. a4r = 4r), sull'occhietto vignetta con Cristo che porta la croce mentre dalla mano fuoriescono gocce di sangue che colano in un calice (c. a1r = 1r); sporadiche correzioni manoscritte al testo; con lo stesso inchiostro, sui margini delle carte si ripetono regolarmente i numeri da *1* a *4*; a c. I'v la nota di possesso *Ad usum Camaldulensium*, seguono la scritta *Purum esse ab omni culpa est* e svariate prove di penna; all'interno del piatto anteriore, a penna, il numero *DCLXXVII* apposto a fine Settecento da Adelelmo Sestini, Padre Maggiore al Sacro Eremo di Camaldoli negli anni 1795-1799 e 1803-1807, sotto il numero *21*; a c. a1r = 1r, a lapis, una precedente segnatura *RIS 42*; a c. a1r = 1r timbro settecentesco a inchiostro nero; all'esterno del piatto posteriore il titolo *REGOLA DI S. BENEDECTO*, di altra mano *AB OMNIBUS OSSERVANDA* cui seguono *MDL* e altre note manoscritte. Legatura (137 ×102 × 8 su 135 ×101 × 7) in pergamena floscia (s. XVII) con macchie brune; sul dorso la scritta *S. Benedetto* e due punti di cucitura che tengono insieme i fascicoli; guardia cartacea.

* Non sono presenti le note tipografiche. Si ritiene stampato a Firenze da Bartolomeo de' Libri tra il 1495 e il 1500, o dopo il luglio 1500; sulla datazione si vedano in particolare: IGI, 1457 e GW, 3834 (anno 1495 circa); ISTC e Tura, *Saggio*, 62 (dopo l'anno 1500?); Periti, *Incunaboli Moreniani*, 86 nr. 15 (a partire dall'anno 1501).

Tav. XXIII

Abbreviazioni

ASC	Archivio Storico di Camaldoli
ASF	Archivio di Stato di Firenze
BMF	Firenze, Biblioteca Marucelliana
BSE	Biblioteca Sacro Eremo
SMM	San Michele di Murano

Fonti archivistiche

ASC, Diplomatico, Camaldoli.
ASC, Fondo Camaldoli, ms. 40.
ASC, Fondo Camaldoli, ms. 136.
ASC, Fondo Camaldoli, ms. 208.
ASC, Fondo Camaldoli, ms. 209.
ASC, Registri, Camaldoli, 83.
ASC, Sez. A, cass. 2, ins. 4.
ASC, Sez. A, cass. 21, ins. 6.
ASC, Sez. G, cass. 65, ins. 3, 4, 5.
ASC, Sez. G, cass. V, ins. 4.
ASC, sez. J, cass. 4, ins. 1.
ASF, Camaldoli Appendice, 8.
ASF, Camaldoli Appendice, 19, *Registro generalizio* 2, 1279-1288.
ASF, Camaldoli Appendice, 34.
ASF, Camaldoli Appendice, 614.
ASF, Corp. Rel. Soppr. Ita., II serie, 14, *Registro delle spese* 1860-1866.
ASF, Diplomatico, Camaldoli, S. Donato e S. Ilarino (ospizio).
ASF, Diplomatico, Camaldoli, S. Salvatore (eremo).
ASF, ms. 340, ins. 39.

Biblioteca città di Arezzo, mss. 497, 500.
Biblioteca comunale Rilli-Vettori di Poppi, ms. s. s.
BMF, ms. B.I.19.
BSE, ms. 148.

Cronaca della Congregazione Camaldolese = *Cronaca della Congregazione Camaldolese eremitica di Toscana* (aa. 1920-1946) (ASC, Fondo Camaldoli, ms. 136).

Lepri, *Catalogus triplex* = Leandro Lepri, *Bibliothecae Sacrae Camaldulensis Eremi Catalogus triplex...*, anno 1854 (ASC, Fondo Camaldoli, ms. 208).

Mandelli, *Appendix prima* = Fortunato Mandelli, *Appendix prima. Bibliotheca codicum* (ASC, SMM Nuovo 1671) [due volumi, il primo intitolato: *Appendix prima Bibliothecae Codicum manuscriptorum Monasterii S. Michaelis Venetiarum prope Murianum una cum appendice altera librorum impressorum seculi XV. Editi n. 1212, usque ad ann. 1789 acquisiti n. 900. Tot. 2112*, il secondo: *Ad manuscriptos Codices Bibliothecae San-Michaelianae Venetiarum appendix altera librorum seculi XV. Editi n. 668, additi usque ad annum 1789 n. 535*].

Mittarelli, *Bibliotheca codicum manuscriptorum* = Giovanni Benedetto Mittarelli, *Bibliotheca codicum manuscriptorum Monasterii S. Michaelis Venetiarum* (ASC, SMM Nuovo, 1330-1331).

Bibliografia

Ageno, *Catalogus* = Federico Ageno, *Librorum saec. XV impressorum qui in publica Ticinensi bibliotheca adservantur catalogus*, cura et studio Tulliae Gasparrini Leporace absolutus atque tabulis locupletatus, Florentiae, Olschki-Bibliopola, 1954 (*Biblioteca di bibliografia italiana*, 29).

Aliotti, *Epistolæ & opuscula* = Girolamo Aliotti, *Hieronymi Aliotti Arretini ... abbatis Monasterii Ss. Floræ & Lucillæ Epistolæ & opuscula Gabrielis Mariæ Scarmalii ... notis, & observationibus illustrata ... Tomus secundus*, Arretii, typis Michaelis Bellotti impressoris episcopalis, 1769; digitalizzato all'indirizzo https://www.google.it/books/edition/Epistolae_et_opuscula/FX9BAAAAcAAJ?hl=it&gbpv=1.

Annales Cam. = Giovanni Benedetto Mittarelli - Anselmo Costadoni, *Annales Camaldulenses ordinis Sancti Benedicti quibus plura interferuntur tum ceteras Italico-monasticas res, tum historiam ecclesiasticam remque diplomaticam illustrantia*, I-IX, Venetiis, ære Monasterii Sancti Michaelis de Muriano, prostant apud Jo. Baptistam Pasquali, 1755-1763 (t. I: 1755, t. VI: 1761, t. VII: 1762).

Aquilon, *Région Centre* = Pierre Aquilon, *Région Centre*, Paris, Aux amateurs de livres, [1991] (*Catalogues régionaux des incunables des Bibliothèques publiques de France*, 10).

Armstrong, *Xilografia* = Lilian Armstrong, *La xilografia nel libro italiano del Quattrocento: un percorso tra gli incunaboli del Seminario vescovile di Padova*, traduzione di Lucia Mariani, edizione a cura di Paola Maria Farina, Milano, EDUCatt, 2015.

Armstrong - Scapecchi - Toniolo, *Seminario Vescovile* = Lilian Armstrong - Piero Scapecchi - Federica Toniolo, *Gli incunaboli della Biblioteca del Seminario vescovile di Padova: catalogo e studi*, introduzione di Giordana Mariani Canova, Padova, Istituto per la storia ecclesiastica padovana, 2008.

Arnoult, *Champagne-Ardennes* = Jean-Marie Arnoult, *Région Champagne-Ardennes*, Bordeaux, Société des bibliophiles de Guyenne, 1979 (*Catalogues régionaux des incunables des Bibliothèques publiques de France*, 1).

Badalić, *Inkunabule u Hrvatskoj* = Josip Badalić, *Inkunabule u Narodnoj Republici Hrvatskoj*, Zagreb, [s. n.], 1952 (*Djela Jugoslavenske Akademije znanosti i umjetnosti knjiga*, 45).

Barbieri, *Malerbi* = Edoardo Barbieri, *Malerbi (Malermi, Manermi), Nicolò*, in *Dizionario Biografico degli Italiani*, 68, Roma, Istituto della Enciclopedia Italiana, 2007, 149-151.

Barletta, *Camaldoli a metà millennio* = *Camaldoli a metà millennio: il Sacro Eremo nelle lettere del beato Paolo Giustiniani (1476-1528)*, a cura di Lorenzo Barletta, Roma, [s. n.], 2016.

Barzazi, *Mandelli* = Antonella Barzazi, *Mandelli, Fortunato (al secolo Giovanni Antonio Baldissera)*, in *Dizionario Biografico degli Italiani*, 68, Roma, Istituto della Enciclopedia Italiana, 2007, 559-562.

Bellone, *Appunti* = Ernesto Bellone, *Appunti su Battista Trovamala di Sale O.F.M. e la sua "Summa casuum"*, «Studi Francescani», 74 (1977), 375-402.

BMC = *Catalogue of Books Printed in the XVth Century Now in the British Museum*, I-XIII, London, British Museum, 1908-1985.

Bod-inc = Bodleian Library, *A Catalogue of Books Printed in the Fifteenth Century Now in the British Museum*, a cura di Alan Coats, Kristian Jensen, Cristina Dondi, Bettina Wagner e Helen Dixon, I-IV, Oxford, Oxford University Press, 2005.

Bodemann, *Hannover* = Eduard Bodemann, *Xylographische und typographische Incunabeln der Königlichen Öffentlichen Bibliothek zu Hannover*, Hannover, Hahn'sche Hofbuchhandlung, 1866.

Borm, *Wolfenbüttel* = Incunabula Guelferbytana. *Blockbücher und Wiegendrucke der Herzog August Bibliothek, Wolfenbüttel*, a cura di Wolfgang Borm, Wiesbaden, Harrassowitz, 1990 (*Repertorien zur Erforschung der frühen Neuzeit*, 10).

Bravi, *Bibbie* = *Bibbie a Bergamo: edizioni dal XV al XVII secolo.* Introduzione e catalogo a cura di Giulio Orazio Bravi, Bergamo, Comune, Assessorato alla cultura, 1983.

Broletti, *The Representation of the Library* = Alfredo Giovanni Broletti, *The Representation of the Library. Civil Space in the Renaissance Civilization*, «JLIS.It», 12, 1 (January 2021), 39-46.

BSB-Ink = *Bayerische Staatsbibliothek. Inkunabelkatalog*, I-VIII, a cura di Elmar Hertrich, Wiesbaden, Reichert, 1988-2021.

Bufféavent, *Ile-de-France* = Béatrix de Buffévent, *Bibliothèques de la région Ile-de-France*, Paris, Aux Amateurs de livres, 1993 (*Catalogues régionaux des incunables des Bibliothèques publiques de France*, 8).

Caby, *Camaldolesi e storie camaldolesi* = Cécile Caby, *Camaldolesi e storie camaldolesi nell'epistolario di Girolamo Aliotti*, in *I camaldolesi ad Arezzo: Mille anni di interazione in campo religioso, artistico, culturale.* Atti della giornata di studio in occasione del millenario della fondazione del Sacro Eremo di Camaldoli (Arezzo, 9 ottobre 2012), a cura di Pierluigi Licciardello, Arezzo, Società Storica Aretina, 2014 (*Studi di storia aretina*, 10), 93-127.

Caby, *De l'érémitisme rural au monachisme urbain* = Cécile Caby, *De l'érémitisme rural au monachisme urbain. Les Camaldules en Italie à la fin du Moyen Âge*, Rome, École française de Rome, 2000 (*BEFAR*, 305).

Caby, *Éloge de Camaldoli* = Cécile Caby, *Un éloge de Camaldoli pour Pierre le Goutteux. La* Heremi descriptio *de* Ludovicus Camaldulensis monacus, Firenze, Firenze University Press, 2022.

Caby, *Girolamo Aliotti (1412-1480)* = Cécile Caby, *Autoportrait d'un moine en humaniste: Girolamo Aliotti (1412-1480)*, Roma, Edizioni di Storia e Letteratura, 2020 (*Libri, carte, immagini*, 10).

Campana, *Manoscritti e incunaboli delle biblioteche camaldolesi verso la Marciana* = Carlo Campana, *Manoscritti e incunaboli delle biblioteche camaldolesi verso la Marciana*, in *San Michele in Isola - Isola della conoscenza. Ottocento anni di storia e cultura camaldolesi nella laguna di Venezia*, a cura di Marcello Brusegan, Paolo Eleuteri, Gianfranco Fiaccadori, Torino, UTET, 2012, 222-227.

Canone, *Biblioteche private* = Eugenio Canone, *Nota introduttiva. Le biblioteche private di eruditi, filosofi e scienziati dell'Età Moderna*, in Bibliothecae selectae. *Da Cusano a Leopardi*, a cura di Eugenio Canone, Firenze, Olschki, 1993 (*Lessico intellettuale europeo*, 58), XII-XIII.

Castan, *Besançon* = Auguste Castan, *Catalogue des incunables de la Bibliothèque Publique de Besançon*, Besançon, Dodivers, 1893.

CCIR = *Catalogul colectiv al incunabulelor din România*, a cura di Elena Maria Schatz e Robertina Stoica, Bucureşti, CIMEC, 2007.

Chiodi, *Indice degli incunaboli* = Luigi Chiodi, *Indice degli incunaboli della Biblioteca civica di Bergamo*, Bergamo, Tip. vescovile G. Secomandi, 1966.

Ciampelli, *Adelelmo Sestini* = Parisio Ciampelli, *Di D. Adelelmo Sestini (1753 - 1812), eremita di Camaldoli, discepolo dell'abate Soldani*, «Rivista storica benedettina», 3 (1908), 555-560.

Ciampelli, *Archicenobio di Camaldoli* = Parisio Ciampelli, *L'arte tipografica nell'Archicenobio di Camaldoli*, Bagno di Romagna, Tipografia S. Vestrucci & Figlio, 1928.

CIBN = *Catalogue des incunables, Bibliothèque Nationale*, I-II, Paris, Bibliothèque Nationale, 1981-2006.

Cioci, *Cenni storici* = Gregorio Cioci, *Cenni storici intorno al sacro eremo di Camaldoli*, Arezzo, per Bellotti, 1859.

Codici e incunaboli miniati = *Codici e incunaboli miniati della Biblioteca civica di Bergamo*, a cura di Giulio Orazio Bravi, Bergamo, Credito Bergamasco, 1989.

Coggiola, *Biblioteca Comunale di Poppi e la sua nuova sede* = Giulio Coggiola, *La Biblioteca Comunale di Poppi e la sua nuova sede nel Castello dei Conti Guidi. Discorso inaugurale ... con un'appendice di notizie sull'assetto delle raccolte*, Poppi, a cura del Comune di Poppi, 1914.

Coll (S) = Isak Collijn, *Katalog der Inkunabeln der Kgl. Bibliothek in Stockholm*, I-III, Stockholm, Almqvist & Wiksell, 1914.

Coll (U) = Isak Collijn, *Katalog der Inkunabeln der Kgl. Universitäts-Bibliothek Uppsala*, Uppsala, Almqvist & Wiksell; Leipzig, Rudolf Haupt, 1907 (*Arbeten utgifna med understöd af Vilhelm Ekmans Universitetsfond, Uppsala*, 5).

Copinger, *Supplement* = Walter Arthur Copinger, *Supplement to Hain's* Repertorium Bibliographicum, I-III, London, Henry Sotheran, 1895-1902.

Coq, *Beaux-Arts* = Dominique Coq, *Bibliothèque de l'École nationale supérieure des Beaux-Arts, Genève*, Genève, Droz, 2012 (*Catalogues régionaux des incunables des bibliothèques publiques de France*, 18).

Cortoni, *Ambrogio Traversari e la riforma del mondo camaldolese* = Claudio Ubaldo Cortoni, *Con le lettere, con la santità della vita e inviolabile osservanza della Regola e delle sante costituzioni antiche: Ambrogio Traversari e la riforma del mondo camaldolese*, in *Dalla riforma di S. Giustina alla Congregazione Cassinese. Genesi, evoluzione e irradiazione di un modello monastico europeo (sec. XV-XVI)*. Atti del Convegno internazionale di studi per il VI centenario di fondazione della Congregazione "De unitate", Padova, Abbazia di Santa Giustina, mercoledì 18 - sabato 21 settembre 2019, a cura di Elisa Furlan e Francesco G. B. Trolese, Cesena, Badia di Santa Maria del Monte, 2022 (*Italia Benedettina*, 46), 131-156.

Cortoni, *Gregorio XVI e l'accrescimento della* Bibliotheca Gregoriana = Claudio Ubaldo Cortoni, *Gregorio XVI e l'accrescimento della* Bibliotheca Gregoriana *(1795-1846)*, in *Gregorio XVI. Dal monastero di San Michele in Isola alla sede di Pietro*, a cura di Roberto Fornaciari e Giovanni Grazioli, Rimini, Edizioni Camaldoli, 2016, 67-76.

Croce, *Archivi e cultura nel mondo camaldolese* = Giuseppe Maria Croce, *Archivi e cultura nel mondo camaldolese. Memoria e amnesie di una storia secolare*, in *Mille anni di storia camaldolese negli archivi dell'Emilia Romagna*. Atti del convegno di Ravenna (11 ottobre 2012), a cura di Gilberto Zacchè, Modena, Mucchi, 2013.

Czortek, *Studiare, predicare, leggere* = Andrea Czortek, *Studiare, predicare, leggere. Scuole ecclesiastiche e cultura religiosa in Alta Valle del Tevere nei secoli XIII-XV*, Selci-Lama (PG), Editrice Pliniana, 2016 (*Castellana Ecclesia.* Studi sulla Diocesi di Città di Castello, 2).

Daneo, *Incunaboli (Museo Correr)* = Flavia Daneo, *Indice degli incunaboli (Museo Correr)*, «Bollettino dei civici musei veneziani d'arte e di storia», 35 (1991), 27-93.

Daub, *Auf Heiliger Jagd in Florenz* = Susanne Daub, *Auf Heiliger Jagd in Florenz. Aus dem Tagebuch des Jesuiten Daniel Papebroch*, Erlangen, Palm & Enke, 2010.

Deckert, *Dresden* = Helmut Deckert, *Katalog der Inkunabeln der Sächsischen Landesbibliothek zu Dresden. Ein Bestandesverzeichnis nach den Kriegsverlusten des Jahres 1945*, Leipzig, Harrassowitz, 1957 (*Beihefte zum Zentralblatt für Bibliothekswesen*, 80).

Delisle, *Cabinet des livres* = Léopold Delisle, *Le Cabinet des livres imprimés antérieurs au milieu du XVI*[e] *siècle*, Paris, Plon-Nourrit, 1905.

Di Viesti, *Teresiana* = *Catalogo degli incunaboli della Biblioteca comunale Teresiana di Mantova*, a cura di Pasquale Di Viesti, Firenze, Olschki, 2017 (*Biblioteca Mantovana*, 11).

Diercks, *Cypriani episcopi Epistularium* = *Sancti Cypriani episcopi Epistularium ad fidem codicum summa cura selectorum necnon adhibitis editionibus prioribus praecipuis* edidit Gerard Frederik Diercks, Turnhout, Brepols, 1994 (*Corpus Christianorum. Series Latina*, 3B).

Dolfin, *Epistolarum volumen* = Pietro Dolfin, *Petri Delphini Veneti prioris sacre Eremi et Generalis totius ordinis Camaldulensis Epistolarum volumen*, Impressum Venetiis, arte & studio Bernardini Benalii impressoris ..., 1524, die prima martii [Edit16: CNCE 17444].

Döring - Fuchs, *Inkunabeln* = *Die Inkunabeln und Blockdrucke der Universitätsbibliothek Leipzig*, a cura di Thomas Thibault Döring e Thomas Fuchs, I-IV, Wiesbaden, Harrassowitz, 2014.

Dotto, *Palermo* = Anna Maria Dotto, *Catalogo degli incunaboli della Biblioteca Nazionale di Palermo*, Palermo, Centro di studi filologici e linguistici siciliani, 1971 (*Supplementi al Bollettino*, 2).

Durand, *Nice* = Dominique Durand, *Le patrimoine écrit de Nice*. I, *1470-1500*, Nice, Bibliothèque Municipale, 2003.

Ernst, *Hildesheim* = Konrad Ernst, *Incunabula Hildesheimensia*, I-II, Hildesheim, August Lax, 1908-1909.

Essling, *Livres à figures* = Victor Masséna, Prince d'Essling, *Les livres à figures vénitiens de la fin du XV*[e] *siècle et du commencement du XVI*[e], I-IV, Firenze, Olschki, 1907-1914.

Fernillot, *Sorbonne* = Yvonne Fernillot, *Bibliothèque de la Sorbonne*, Paris, Klincksieck, 1995 (*Catalogues régionaux des incunables des bibliothèques publiques de France*, 12).

Festanti, *Panizzi* = Maurizio Festanti, *Gli incunaboli della Biblioteca Panizzi di Reggio Emilia*, Roma, Istituto Poligrafico e Zecca dello Stato, 2019 (*Indici e Cataloghi*, n. s., 29).

Finger, *Düsseldorf* = Heinz Finger, *Inkunabelkatalog der Universitäts- und Landesbibliothek Düsseldorf*, Wiesbaden, Reichert, 1994 (*Schriften der Universitäts- und Landesbibliothek Düsseldorf*, 20).

Fornaciari, *I monaci cenobiti camaldolesi dall'Ottocento al Novecento* = Roberto Fornaciari, *I monaci cenobiti camaldolesi dall'Ottocento al Novecento*, in *L'Ordine camaldolese in età moderna e contemporanea, secoli XVI-XX.* Convegno di studi in occasione del millenario di Camaldoli (1012-2012), Monastero di Camaldoli, 30 maggio - 1 giugno 2013, a cura di Giuseppe Maria Croce e Ugo Antonio Fossa, Cesena, Badia di Santa Maria del Monte, 2015 (*Italia benedettina*, 40), 373-379.

Fossa, *Sacro Eremo di Camaldoli* = Ugo Antonio Fossa, *Il Sacro Eremo di Camaldoli "cum suo monasterio" tra Cinquecento e Ottocento*, in *L'Ordine camaldolese in età moderna e contemporanea (secoli XVI-XX)*. Atti del II Convegno di studi in occasione del millenario di Camaldoli (1012-2012), Monastero di Camaldoli, 30 maggio - 1 giugno 2013, a cura di Giuseppe Maria Croce e Ugo Antonio Fossa, Cesena, Badia di Santa Maria del Monte, 2015 (*Italia Benedettina*, 40), 160-163.

Frasson-Cochet, *Auvergne* = Dominique Frasson-Cochet, *Auvergne*, con la collaborazione di Pierre Aquilon, Genève, Droz, 2006 (*Centre de recherches d'histoire et de philologie de la 4. section de l'École pratique des hautes études*, 6; *Histoire et civilisation du livre*, 29).

Frey, *Nachlass Giorgio Vasaris* = *Der literarische Nachlass Giorgio Vasaris*, mit kritischem Apparate versehen von Karl Frey. Herausgegeben und zu Ende geführt von Herman-Walther Frey, München, Müller, 1923.

Gargan, *Gli umanisti e la biblioteca pubblica* = Luciano Gargan, *Gli umanisti e la biblioteca pubblica*, in Luciano Gargan, *Libri e maestri tra Medioevo e Umanesimo*, Messina, Centro Interdipartimentale di Studi Umanistici, 2011 (*Biblioteca umanistica*, 17), 401-426.

GfT = *Gesellschaft für Typenkunde des XV. Jahrhunderts. Veröffentlichungen*, Leipzig, Harrassowitz, 1907-1939 (rist. anast. Osnabrück, Zeller, 1966).

Giorgio Vasari 1981 = *Giorgio Vasari: principi, letterati e artisti nelle carte di Giorgio Vasari. Casa Vasari, pittura vasariana dal 1532 al 1554, sottochiesa di S. Francesco, Arezzo, 26 settembre-29 novembre 1981*, Firenze, EDAM, 1981.

Girard, *Basse-Normandie* = Alain Girard, *Bibliothèques de la région Basse-Normandie*, Bordeaux, Société des bibliophiles de Guyenne, 1984 (*Catalogues régionaux des incunables des bibliothèques publiques de France*, 4).

Girolamini = *Gli incunaboli della Biblioteca Oratoriana dei Girolamini. Un primo catalogo*, a cura di Giancarlo Petrella, Roma, Salerno editrice, 2019.

Goff, *Incunabula* = Frederick Richmond Goff, *Incunabula in American Libraries. A Third Census of Fifteenth Century Books Recorded in North American Collections*, New York, The Bibliographical Society of America, 1964. *Supplement*, New York 1972.

Gspan - Badalić, *Inkunabule v Sloveniji* = Alfonz Gspan - Josip Badalić, *Inkunabule v Sloveniji. Incunabula quae in Slovenia asservantur*, Ljubljana, Slovenska akademija znanosti in umetnosti, 1957 (*Slovenska akademija znanosti in umetnosti. Classis* II, 3).

Guerrieri, *Clavis* = Elisabetta Guerrieri, *Clavis degli autori camaldolesi (secoli XI-XVI*[1]*)*, Firenze, SISMEL-Edizioni del Galluzzo, 2012 (*Quaderni di C.A.L.M.A.*, 2).

Günt (L) = *Die Wiegendrucke der Leipziger Sammlungen und der Herzoglichen Bibliothek in Altenburg*, a cura di Otto Günther, Leipzig, Harrassowitz, 1909-1910 (*Beihefte zum Zentralblatt für Bibliothekswesen*, 35).

GW = *Gesamtkatalog der Wiegendrucke*, Leipzig - Stuttgart - Berlin - New York, Hiersemann, 1925-.

Hain, *Repertorium* = Ludwig Friedrich Theodor Hain, *Repertorium bibliographicum, in quo libri omnes ab arte typographica inventa usque ad annum MD, typis expressi ordine alphabetico vel simpliciter enumerantur vel adcuratius recensentur*, I-II, Stuttgartiae - Lutetiae Parisiorum, J. G. Cottae - Jules Renouard, 1826-1838.

Hausbergher - Groff, *Trento* = *Gli incunaboli della Biblioteca comunale di Trento*, a cura di Mauro Hausbergher e Silvano Groff, Trento, Provincia autonoma, Soprintendenza per i beni librari e archivistici, 2006 (*Patrimonio storico e artistico del Trentino*, 29).

Hejnic, *Plzeň* = Josef Hejnic, *Catalogus incunabulorum quae in Museo Bohemiae Occidentalis Plznae asservantur. Soupis prvotisků Západočeského Muzea v Plzni*, Plzeň, Západočeské Muzeum v Plzni, 2000 (*Fontes bibliothecarum Musei Pelznensis*, 1).

Hillard, *Mazarine* = Denise Hillard, *Bibliothèque Mazarine*, Paris, aux Amateurs de livres; Bordeaux, Société des bibliophiles de Guyenne, 1989 (*Catalogues régionaux des incunables des Bibliothèques publiques de France*, 6).

Hubay, *Augsburg* = Ilona Hubay, *Incunabula der Staats-und Stadtbibliothek Augsburg*, Wiesbaden, Harrassowitz, 1974 (*Inkunabel-Kataloge bayerischer Bibliotheken*, 4).

Hubay, *Eichstätt* = Ilona Hubay, *Incunaboli Eichstätter Bibliotheken*, Wiesbaden, Harrassowitz, 1968 (*Inkunabel-Kataloge bayerischer Bibliotheken*, 2).

Hubay, *Ottobeuren* = Ilona Hubay, *Incunabula aus der staatlichen Bibliothek Neuburg Donau in der Benediktinerabtei Ottobeuren*, Wiesbaden, Harrassowitz, 1970 (*Inkunabel-Kataloge bayerischer Bibliotheken*, 3).

Hummel - Wilhelmi, *Rottenburg-Stuttgart* = Heribert Hummel - Thomas Wilhelmi, *Katalog der Inkunabeln in Bibliotheken der Diözese Rottenburg-Stuttgart*, Wiesbaden, Harrassowitz, 1993.

IBE = *Catálogo general de incunables en bibliotecas españolas. Biblioteca Nacional de Madrid*, a cura di Francisco García Craviotto, I-II, Madrid, Ministerio de Cultura, Dirección general del libro y bibliotecas, 1989-1990; *Adiciones y correcciones*, I-II, a cura di Julián Martín Abad, Madrid, Biblioteca Nacional, 1991-1994.

IBP = *Incunabula quae in bibliothecis Poloniae asservantur*, a cura di Alodia Kawecka-Gryczowa, Maria Bohonos e Eliza Sandorowska, I-II, Wratislaviae, Varsaviae, Cracoviae, ex Officina Instituti Ossoliniani, 1970 (*Addenda*, *Indici*, Wratislaviae, 1993).

IBPort = *Os incunábulos das bibliotecas portuguesas. Inventario do Patrimonio Cultural Móvel,* a cura di Maria Valentina C. A. Sul Mendes, Lisboa, Instituto da Biblioteca nacional e do livro, 1995.

IDL = *Incunabula in Dutch Libraries. A Census of Fifteenth-Century Printed Books in Dutch Public Collections*, a cura di Gerard van Thienen, Nieuwkoop, De Graaf, 1983.

IGI = *Indice generale degli incunaboli delle biblioteche d'Italia*, a cura di Maria Teresa Guarnaschelli e Enrichetta Valenziani [*et al.*], I-VI, Roma, Istituto Poligrafico dello Stato - Libreria della Stato, 1943-1981.

IJL2 = *Union Catalogue of Incunabula in Japanese Libraries* (IJL2), a cura di Koichi Yukishima, Tokyo, Yushodo Press, 2004[2].

In hoc volumine continentur. Proemialis epistola = *In hoc volumine continentur. Proemialis epistola in qua de origine cenobitice & eremitice vite ... agitur. Pro cenobitis. Regula cenobitice vite a beatissimo Benedicto abbate ... edita ... Vita & miracula eiusdem beatissimi Benedicti abbatis a sanctissimo Gregorio pont. max. in secundo dialogorum libro sic eloquenter descripta ... De eodem beatissimo Benedicto ex secundo libro D. Francisci Petrarche De vita solitaria. Pro eremitis. Regula eremitice vite a beatissimo Romualdo eremita ... Camaldulensibus eremitis circa annum Domini 1015 tradita ... Vita eiusdem beati Romualdi a beato Petro Damiano eius coetaneo ... descripta*, ([Camaldoli], Impressa sunt hec omnia in monasterio Fontis Boni Camaldulensium eremitarum iussione & impensis arte vero & industria Bartholomei de Zanettis Brixiensis, 1520 die xiiii Augusti) [Edit16: CNCE 8633].

Incunaboli a Cagliari = *Incunaboli a Cagliari*, a cura di Bianca Fadda, Rosalia Claudia Giordano, Marco Palma, Andrea Pergola, Roberto Poletti e Mariangela Rapetti, Roma, Viella, 2020 (*Incunaboli*, 5).

Incunaboli a Catania I = *Incunaboli a Catania*, I: *Biblioteche Riunite "Civica e A. Ursino Recupero"*, a cura di Francesca Aiello, Corrado Di Mauro, Marianna Formica, Simona Inserra, Irene Marullo, Marco Palma e Rosaria Saraniti, Roma, Viella, 2018 (*Incunaboli*, 1).

Incunaboli a Catania II = *Incunaboli a Catania*, II: *Biblioteca Regionale Universitaria*, a cura di Simona Inserra e Marco Palma, Roma, Viella, 2021 (*Incunaboli*, 4).

Incunaboli a Cesena = *Incunaboli a Cesena*, a cura di Paola Errani e Marco Palma, Roma, Viella, 2020 (*Incunaboli*, 3).

Incunaboli a Ragusa = *Incunaboli a Ragusa*, a cura di Lucia Catalano, Rosalia Claudia Giordano, Marco Palma, Anna Scala, Salvatrice Terranova e Rosalba Tripoli, Roma, Viella, 2019 (*Incunaboli*, 2).

Incunaboli a Siracusa = *Incunaboli a Siracusa*, a cura di Lucia Catalano, Rosalia Claudia Giordano, Marco Palma, Anna Scala, Marzia Scialabba, Salvatrice Terranova e Rosalba Tripoli, Roma, Viella, 2015 (*Scritture e libri del medioevo*, 14).

Incunaboli ad Agrigento I = *Incunaboli ad Agrigento*, I: *Biblioteca Lucchesiana e Biblioteca del Seminario Arcivescovile*, a cura di Alberto Bellavia, Domenico Ciccarello, Vito Fortezza, Cristina Angela Iacono, Giovanna Iacono, Simona Inserra e Marco Palma, Roma, Viella, 2022 (*Incunaboli*, 7).

Incunaboli dei frati Minori di Firenze = *Gli incunaboli della Biblioteca Provinciale dei frati Minori di Firenze*, a cura di Chiara Razzolini, Elisa di Renzo e Irene Zanella, con un saggio di Neil Harris, Firenze, Pacini, 2012 (*Toscana. Biblioteche e archivi*, 2).

Incunaboli di Reggio Emilia = *Catalogo degli incunaboli della Biblioteca Panizzi*, a cura di Maurizio Festanti, Reggio Emilia, Biblioteca Panizzi, 2017.

Klebs, *Incunabula scientifica et medica* = Arnold Carl Klebs, *Incunabula scientifica et medica. Short-Title List*, Bruges, The Saint Catherine Press, 1938 (rist. anast. Hildesheim, Olms, 1963).

Kotvan, *Inkunábuly* = Imrich Kotvan, *Inkunábuly na Slovensku*, Matica, Slovenská, 1979.

Kristeller, *Italienische Buchdrucker* = Paul Kristeller, *Die italienischen Buchdrucker- und Verlegerzeichen bis 1525*, Strassburg, Heitz & Mündel, 1893 (rist. anast.: Naarden, van Bekhoven, 1969).

Lasinio, *Appunti su Fontebuono* = Ernesto Lasinio, *Appunti su Fontebuono*, «Rivista storica benedettina», 20 (1910), 560-570.

Lefèvre, *Languedoc* = Martine Lefèvre, *Bibliothèques de la région Languedoc-Roussillon*, Bordeaux, Société des bibliophiles de Guyenne, 1981 (*Catalogues régionaux des incunables des bibliothèques publiques de France*, 2).

Leuze, *Isny* = Otto Leuze, *Die Wiegendrucke der Bibliothek der Evangelischen Nikolauskirche in Isny*, Stuttgart, Kohlhammer, 1916.

Li Calsi, *Palermo*, = Giuseppina Li Calsi, *Catalogo degli incunaboli della biblioteca comunale di Palermo*, Palermo, Centro di studi linguistici e filologici siciliani, 1978 (*Supplementi al Bollettino*, 4).

Licciardello, *Ordo Camaldulensis* = Pierluigi Licciardello, Ordo Camaldulensis. *L'ordine camaldolese nel medioevo tra realtà e rappresentazione*, Spoleto, Fondazione Centro italiano di studi sull'alto medioevo, 2022 (*Uomini e mondi medievali*, 76).

Lipari, *Incunaboli e cinquecentine* = Giuseppe Lipari, *Incunaboli e cinquecentine della Provincia dei Cappuccini di Messina*, Messina, Sicania, 1995 (*Città e territorio*, 4).

Lökkös, *Genève* = Antal Lökkös, *Les incunables de la Bibliothèque de Genève. Catalogue descriptif*, Genève, Bibliothèque publique et universitaire, 1982.

Longhi, *Incunaboli* = Lisa Longhi, *Gli incunaboli della Biblioteca Francescano-Cappuccina Provinciale di Milano,* «Italia medioevale e umanistica», 48 (2007), 219-255.

Lucchi, *Da San Michele alla Biblioteca del Museo Correr* = Piero Lucchi, *Da San Michele alla Biblioteca del Museo Correr: presenza di biblioteche camaldolesi perdute nelle raccolte di manoscritti e libri a stampa*, in *San Michele in Isola - Isola della conoscenza. Ottocento anni di storia e cultura camaldolesi nella laguna di Venezia*, catalogo a cura di Marcello Brusegan, Paolo Eleuteri, Gianfranco Fiaccadori, Torino, UTET, 2012, 240-250.

Lugano, *Bartolomeo de Zanettis* = Placido Lugano, *Del tipografo bresciano Bartolomeo de Zanettis al servizio di Camaldoli e della "Regula Vite Eremitice" stampata a Fontebuono nel 1520*, «La Bibliofilía», 14, 4/5 (luglio-agosto 1912), 177-183; «La Bibliofilía», 14, 6/7 (settembre-ottobre 1912), 210-227; «La Bibliofilía», 14, 8 (novembre 1912), 285-294; «La Bibliofilía», 14, 9 (dicembre 1912), 338-344.

Lugano, *Tipografia di Camaldoli* = Placido Lugano, *Intorno alla prime ed ultime vicende della tipografia di Camaldoli (1520-1595)*, «Rivista Storica Benedettina», 8, 33 (1913), 321-336.

Madsen, *Katalog* = Victor Madsen, *Katalog over det Kongelige Biblioteks inkunabler*, I-III, København, Levin & Munksgaard, 1935-1963.

Magheri Cataluccio - Fossa, *Biblioteca e cultura a Camaldoli* = Maria Elena Magheri Cataluccio - Antonio Ugo Fossa, *Biblioteca e cultura a Camaldoli dal medioevo all'umanesimo*, Roma, Editrice Anselmiana, 1979 (*Studia Anselmiana*, 75).

Maignien, *Grenoble* = Edmond Maignien, *Catalogue des incunables de la Bibliothèque Municipale de Grenoble*, Mâcon, Protat, 1899.

Martín Abad, *Catálogo* = Julián Martín Abad, *Catálogo bibliográfico de la colección de incunables de la Biblioteca Nacional de España*, I-II, Madrid, Biblioteca Nacional de España, 2010.

Martino III, *Libri tres de moribus* = Martino III, priore di Camaldoli, *Libri tres de moribus*, edizione critica, traduzione e commento di Pierluigi Licciardello, Firenze, SISMEL - Edizioni del Galluzzo, 2013 (*Edizione nazionale dei testi mediolatini d'Italia*, s. 2, 14).

Mazzucotelli, *La consuetudine allo studio delle scienze* = Mauro Mazzucotelli, *La consuetudine allo studio delle scienze tra i Camaldolesi in età moderna*, in *L'Ordine camaldolese in età moderna e contemporanea, secoli XVI-XX.* Atti del II Convegno di studi in occasione del millenario di Camaldoli (1012-2012), Monastero di Camaldoli, 30 maggio - 1 giugno 2013, a cura di Giuseppe Maria Croce e Antonio Ugo Fossa, Cesena, Badia di Santa Maria del Monte, 2015 (*Italia benedettina*, 40), 627-630.

Mendes, *Catálogo* = Maria Valentina A. C. S. Mendes, *Catálogo de incunábulos*, Lisboa, Biblioteca Nacional, 1988.

Michelitsch, *Thomasschriften* = Anton Michelitsch, *Thomasschriften. Untersuchungen über die Schriften Thomas' von Aquino*, Graz & Wien, Styria, 1913 (*Thomistenschriften. Philosophie Reihe*, 1).

Migliardi, *Camaldoli e la sua tipografia* = Simonetta Migliardi, *Camaldoli e la sua tipografia del XVI secolo nella base dati Edit16*, «Accademie & biblioteche d'Italia, trimestrale di cultura delle biblioteche e delle istituzioni culturali», n.s., 8, 3/4 (2013), 7-18.

Mittarelli, *Bibliotheca codicum manuscriptorum* = *Bibliotheca codicum manuscriptorum Monasterii S. Michaelis Venetiarum prope Murianum una cum Appendice librorum impressorum seculi XV*. Opus posthumum Johannis-Benedicti Mittarelli Veneti abbatis ex-generalis, Venetiis, ex Typographia Fentiana sumptibus præfati Monasterii, 1779.

Mittler - Kind, *Göttingen* = *Incunabula Gottingensia. Inkunabelkatalog der Niedersächsischen Staats-und Universitätsbibliothek Göttingen*, I-III, a cura di Elmar Mittler e Helmut Kind, Wiesbaden, Harrassowitz, 1995-2011.

Moreni, *Bibliografia storico-ragionata della Toscana* = Domenico Moreni, *Bibliografia storico-ragionata della Toscana o sia Catalogo degli scrittori che hanno illustrata la storia delle città, luoghi, e persone della medesima raccolto dal sacerdote Domenico Moreni,* II, Firenze, presso Domenico Ciardetti, 1805.

Moro, *Gadolo* = Giacomo Moro, *Gadolo, Bernardino*, in *Dizionario Biografico degli Italiani*, 51, Roma, Istituto della Enciclopedia Italiana, 1998, 182-184.

Muñoz, *Eremi Camaldulensis descriptio* = Andrés Muñoz, *Eremi Camaldulensis descriptio. Autore Andrea Mugnotio Conchense Hispano*, Romae, apud Iulium Accoltum, 1570 [Edit16: CNCE 23122].

Musco, *Circolazione libraria* = Alessandro Musco, *Circolazione libraria e culturale tra i Francescani di Noto (sec. XIV-XVII)*, in *Francescanesimo e cultura a Noto.* Atti del convegno internazionale di studi (Noto, Parrocchia S. Francesco d'Assisi all'Immacolata, 7-9 novembre 2003), a cura di Diego Ciccarelli e Simona Sarzana, Palermo, Officina di studi medievali, 2005 (*Franciscana*, 12), 189-197.

Nentwig, *Braunschweig* = Heinrich Nentwig, *Die Wiegendrucke in der Stadtbibliothek zu Braunschweig*, Wolfenbüttel, Zwissler, 1891.

Neveu, *Haute-Normandie* = Valérie Neveu, *Haute-Normandie*, Genève, Droz, 2005 (*Centre de recherches d'histoire et de philologie de la 4. section de l'École pratique des hautes études*, 6; *Histoire et civilisation du livre*, 28).

Oates, *Cambridge* = John Claude Trewinard Oates, *A Catalogue of the Fifteenth-Century Printed Books in the University Library Cambridge*, Cambridge, University Press, 1954.

Ohly - Sack, *Frankfurt am Main* = Kurt Ohly - Vera Sack, *Inkunabelkatalog der Stadt- und Universitätsbibliothek und anderer öffentlicher Sammlungen in Frankfurt am Main*, I-II, Frankfurt am Main, Klostermann, 1966-1967.

Pad-Ink = *Die Inkunabeln in der Erzbischöflichen Akademischen Bibliothek Paderborn,* a cura di Matthias Hartig, Wiesbaden, Harrassowitz, 1993.

Pagnotta, "*Legenda aurea*" = Linda Pagnotta, *Le edizioni italiane della "Legenda aurea" (1475-1630)*, Firenze, Apax libri, 2005 (*Biblioteca di Apax*, 1).

Parguez, *Rhône-Alpes* = Guy Parguez, *Bibliothèque de la région Rhône-Alpes*, I: *Ain, Ardèche, Loire, Rhône-Alpes*, Paris, Aux amateurs des livres, 1991 (*Catalogues régionaux des incunables des Bibliothèques publiques de France*, 11).

Péligry, *Midi-Pyrénées* = Christian Péligry, *Bibliothèques de la région Midi-Pyrénées*, Bordeaux, Société des bibliophiles de Guyenne, 1982 (*Catalogues régionaux des incunables des bibliothèques publiques de France*, 3).

Pell = *Catalogue général des incunables des bibliothèques publiques de France*, a cura di Marie-Léontine-Catherine Pellechet, I-III, Paris, Picard, 1897-1909.

Pell, *Ms* = *Catalogue général des incunables des bibliothèques publiques de France*, a cura di Marie-Léontine-Catherine Pellechet, I-III, Paris, Picard, 1897-1909 (ristampa della copia di lavoro di Marie-Louise Polain con numerose annotazioni manoscritte e correzioni, IV-XXVI, Nendeln, Kraus, 1970).

Pell (V) = *Jacques de Voragine: liste des éditions de ses ouvrages publiés au XV*[e] *siècle*, a cura di Marie-Léontine-Catherine Pellechet, [Paris, Bouillon], 1895 (estr. da «Revue des bibliothèques», Avril, Août-Septembre [1895], 90-227).

Periti, *Incunaboli Moreniani*, = Simona Periti, *Incunaboli Moreniani: catalogo delle edizioni del XV secolo*, Firenze, Olschki, 2009 (*Cultura e memoria*, 45).

Pesante, *Trieste* = Sauro Pesante, *Catalogo degli incunabuli della Biblioteca civica di Trieste*, Firenze, Olschki, 1968 (*Biblioteca di bibliografia italiana*, 54).

Pesteil-Lota, *Corse* = Maryvonne Pesteil-Lota, *Catalogue des incunables conservés dans les bibliothèques publiques de Corse*, Ajaccio, A. Piazzola, 2008.

Petrella, *BUNa* = *Gli incunaboli della Biblioteca Universitaria di Napoli. Catalogo*, a cura di Giancarlo Petrella, premessa di Andrea Mazzucchi, presentazione di Maria Lucia Siragusa e Raffaele De Magistris, Roma, Salerno Editrice, 2022.

PL = *Patrologiae cursus completus seu bibliotheca universalis integra ... Series Latina*, a cura di Jacques-Paul Migne, Lutetiae Parisiorum, Migne, 1844-1864.

Polain, *Catalogue* = Marie-Louise Polain, *Catalogue des livres imprimés au quinzième siècle des bibliothèques de Belgique*, I-V, Bruxelles, Société des bibliophiles & iconophiles de Belgique, 1932-1978.

Proctor, *Index* = *An Index to the Early Printed Books in the British Museum from the Invention of Printing to the Year MD, with Notes of Those in the Bodleian Library*, a cura di Robert Proctor, I-II, London, Kegan Paul [*et al.*], 1898. *Supplements*, I-IV, 1899-1903.

Ramelli, *Biblioteca Cantonale di Lugano* = Adriana Ramelli, *Catalogo degli incunaboli della Biblioteca Cantonale di Lugano*, Firenze, Olschki, 1981 (*Biblioteca di bibliografia italiana*, 92).

Rao, *Incunaboli della Biblioteca Medicea Laurenziana* = Ida Giovanna Rao, *Gli incunaboli della Biblioteca Medicea Laurenziana di Firenze*, Firenze, Edifir, 2019.

Razzi, *Descrizione del Sacro Eremo* = Silvano Razzi, *Descrizione del Sacro Eremo di Camaldoli, et della regola, et vita de' padri eremiti, che in servigio di Dio habitano quel santo luogo. Fatta dal p. d. Silvano Razzi, monaco del medesimo ordine*, Firenze, appresso Bartolomeo Sermartelli, 1572 [Edit16: CNCE 68905].

Reformatio = *Reformatio Camaldulensis Ordinis*, [Camaldoli], ex typographia Sacrae Eremi Camaldulensis, 1589 [Edit16: CNCE 8649].

Reformatio Camaldulensis ordinis ... a Leone X = *Reformatio Camaldulensis ordinis cum gratiis & privilegiis a Leone X Ponti. Maxi. nuperrime concessis. Litterae Apostolicae quibus vivente etiam moderno generali conceditur ... . Privilegium quae cuiuscunque religionis viri ... Vita beatissimi Romualdi a beato Petro Damiano cardinali eleganter descripta ...*, Impressum Florentiae, arte & industria Philippi de Giunta Florentini, impensis vero totius Camaldulensis ordinis, 1513 die 29 Decembris [Edit16: CNCE 8631].

Regola della vita eremitica = *Regola della vita eremitica stata data dal beato Romualdo à i suoi Camaldolensi eremiti. Overo le Constituzioni Camaldolensi tradotte nuovamente dalla lingua latina nella toscana dal padre don Silvano Razzi*, In Fiorenza, appresso Bartolomeo Sermartelli, 1575 [Edit16: CNCE 8639].

Rhodes, *Annali tipografici* = Dennis E. Rhodes, *Gli annali tipografici fiorentini del XV secolo*, Firenze, Olschki, 1988.

Rhodes, *Oxford* = *A Catalogue of Incunabula in All the Libraries of Oxford University outside the Bodleian*, a cura di Dennis E. Rhodes, Oxford, Clarendon Press, 1982.

Richard, *Poitou-Charente* = Hélène Richard, *Région Poitou-Charente, Région Limousin*, Paris, Klincksieck, 1996 (*Catalogues régionaux des incunables des bibliothèques publiques de France*, 14).

Riga, *Razzi* = Pietro Giulio Riga, *Razzi, Girolamo*, in *Dizionario Biografico degli Italiani*, 86, Roma, Istituto della Enciclopedia Italiana, 2016, 649-651.

Rigo, *Treviso* = *Incunaboli e cinquecentine: Biblioteca del Seminario vescovile*, catalogo a cura di Angelo Rigo, con prefazione di Giorgio Montecchi, Treviso, Seminario vescovile, 2000.

Rivali, *Servio* = Luca Rivali, *Servio, Oliviero,* in *Dizionario Biografico degli Italiani*, 92, Roma, Istituto della Enciclopedia Italiana, 2018, 270-272.

Roggi, *Biblioteca Rilliana* = Gabriele Roggi, *La Biblioteca Rilliana di Poppi: il nucleo originario*, in Gabriella Pomaro, *Attorno a Codex. Nuovi materiali e approfondimenti*, Firenze, SISMEL, 2020, 71-222.

Rossetti, *Catalogo* = Domenico Rossetti, *Catalogo della raccolta che per la bibliografia del Petrarca e di Pio II è già posseduta e si va continuando dall'avvocato de' Rossetti di Trieste*, Trieste, nella tipografia di Giovanni Marenigh, 1834.

Sack, *Freiburg* = *Die Inkunabeln der Universitätsbibliothek und anderer öffentlicher Sammlungen in Freiburg im Breisgau und Umgebung*, a cura di Vera Sack, I-III, Wiesbaden, Harrassovitz, 1985 (*Kataloge der Universitätsbibliothek Freiburg im Breisgau*, 2, 1-3).

Sajó - Soltész, *Catalogus* = Géza Sajó - Erszébet Soltész, *Catalogus incunabulorum quae in bibliothecis publicis Hungariae asservantur*, I-II, Budapestini, in aedibus Academiae scientiarum Hungariae, 1970.

Sallander, *Uppsala* = *Katalog der Inkunabeln der Königlichen Universitäts-Bibliothek zu Uppsala*, a cura di Hans Sallander, I: *Neuerwerbungen seit dem Jahre 1907*, Uppsala, 1953; II: *Neuerwerbungen der Jahre 1954-1964*, Uppsala, Almqvist & Wiksell, 1965 (*Bibliotheca Ekmaniana*, 59, 63).

Samek Ludovici, *Arte del libro* = Sergio Samek Ludovici, *Arte del libro*: *tre secoli di storia del libro illustrato dal Quattrocento al Seicento*, Milano, Ares stampa, 1974.

Sander, *Livres à figures* = Max Sander, *Le livre à figures italien depuis 1467 jusqu'en 1530: essai de sa bibliographie et de son histoire*, I-VI, Milano, Hoepli, 1942.

Scapecchi, *Camaldoli* = *Gli incunbaboli della "Rilliana" di Poppi e del Monastero di Camaldoli*, a cura di Piero Scapecchi, Firenze, Pagnini e Martinelli, Regione Toscana, 2004 (*Toscana - Beni librari*, 17).

Scapecchi, *Firenze* = *Catalogo degli incunaboli della Biblioteca nazionale centrale di Firenze*, a cura di Piero Scapecchi, Firenze, Biblioteca nazionale centrale di Firenze - Nerbini, 2017 (*Lo scaffale della biblioteca*, 1).

Scapecchi, *Giustiniani* = Piero Scapecchi, *Tommaso Giustiniani, Wealthy of Books*, «JLIS. It», 12, 1 (January 2021), 168-178.

Scapecchi, *Inscriptus Catalogo S. Eremi Camalduli* = Piero Scapecchi, *Inscriptus Catalogo S. Eremi Camalduli*: una biblioteca, una storia. Camaldoli, secc. XVI-XIX, prefazione di Alessandro Brezzi, schede di Alessia Busi, Poppi, Biblioteca comunale Rilli - Vettori, 2012 (*Quaderni della Rilliana*, 36).

Scapecchi, *Lavoro del bibliografo* = Piero Scapecchi, *Il lavoro del bibliografo. Storia e tecnica della tipografia rinascimentale*, Firenze, Olschki, 2023.

Scardilli - Venezia, *Enna* = *Incunaboli delle biblioteche comunali della provincia di Enna*, a cura di Pietro Scardilli e Sebastiano Venezia, Palermo, Officina di studi medievali, 2010 (*Libridine*, 1).

Schlechter - Ries, *Heidelberg* = *Katalog der Inkunabeln der Universitätsbibliothek Heidelberg, des Instituts für Geschichte der Medizin und des Stadtarchivs Heidelberg*, a cura di Armin Schlechter e Ludwig Ries, Wiesbaden, Harrassowitz, 2009 (*Kataloge der Universitätsbibliothek Heidelberg*, 9).

Schmitt, *Berlin* = Anneliese Schmitt, *Die Inkunabeln der Deutschen Staatsbibliothek zu Berlin im Anschluss an Ernst Voulliéme*, I-II, Berlin, Akademie-Verlag, 1966.

Sheppard, *Catalogue* = Leslie Alfred Sheppard, *Catalogue of XVth Century Books in the Bodleian Library* [MS, 1954-1971].
SI = *Catalogue of Books Printed in the 15th Century in Swedish Collections*, a cura di Wolfgang Undorf, I-II, Wiesbaden, Harrassowitz, 2012.
Šimáková - Vrchotka, *Katalog* = Jitka Šimáková - Jaroslav Vrchotka, *Katalog prvostisků knihovny Národního muzea v Praze a zámeckých a hradnich knihoven v České republic*e, Praha, Nakl. KLP, 2001.
Statistica delle biblioteche = Ministero dell'Agricoltura, Industria e Commercio - Direzione Generale della Statistica, *Statistica delle biblioteche. Biblioteche dello Stato, delle Provincie, dei Comuni e di altri Enti Morali aggiuntevi alcune biblioteche private accessibili agli studiosi, fra le più importanti per numero di volumi o per rarità di collezioni*, II: *Toscana, Marche, Umbria, Roma, Abruzzi e Molise, Campania, Puglie, Basilicata, Calabrie, Sicilia e Sardegna*, Roma, Tipografia nazionale Bertero, 1894.

Tabacchi, *Giustinian* = Stefano Tabacchi, *Giustinian, Paolo*, in *Dizionario Biografico degli Italiani*, 57, Roma, Istituto della Enciclopedia Italiana, 2001, 281-286.
Torchet, *Pays de la Loire*, = Louis Torchet, *Bibliothèques de la région des Pays de la Loire*, Bordeaux, Société des bibliophiles de Guyenne, 1987 (*Catalogues régionaux des incunables des bibliothèques publiques de France*, 5).
Tura, *Saggio* = Adolfo Tura, *Saggio su alcuni selezionati problemi di bibliografia fiorentina*, in *Edizioni fiorentine del Quattrocento e primo Cinquecento in Trivulziana*, mostra curata da Adolfo Tura, Milano, [s. n.], 2001, 9-65.

Vita di Odoardo Baroncini = *Vita del servo di Dio d. Odoardo Baroncini eremita di Camaldoli patrizio fiorentino* ..., In Firenze, per il Moucke, 1771.
Voull (B) = *Die Inkunabeln der Königlichen Bibliothek (Preussischen Staatsbibliothek) und der anderen Berliner Sammlungen*, a cura di Ernst Voulliéme, I-IV, Leipzig, Harrassowitz, 1906-1927 (*Beiheft zum Zentralblatt für Bibliothekswesen*, 30).
Voull, *Bonn* = *Die Inkunabeln der Königlichen Universitäts-Bibliothek zu Bonn: Ein Beitrag zur Bücherkunde des XV. Jahrhunderts*, a cura di Ernst Voulliéme, Leipzig, Harrassowitz, 1894 (*Beihefte zum Zentralblatt für Bibliothekswesen*, 13).
Voull, *Trier* = *Die Inkunabeln der öffentlichen Bibliothek und der kleineren Büchersammlungen der Stadt Trier*, a cura di Ernst Voulliéme, Leipzig, Harrassowitz, 1910 (*Beihefte zum Zentralblatt für Bibliothekswesen*, 38).

Walsh, *Harvard* = James E. Walsh, *A Catalogue of the Fifteenth-Century Printed Books in the Harvard University Library*, I-V, Binghamton, New York - Tempe, Arizona, Center for Medieval and Early Renaissance Studies, State University of New York at Binghamton - Arizona Board of Regents for Arizona State University, 1991-1997 (*Medieval and Renaissance Texts and Studies*, 84, 97, 119, 150, 171).
Wilhelmi, *Greifswald* = Thomas Wilhelmi, *Inkunabeln in Greifswalder Bibliotheken. Verzeichnis der Bestände der Universitätsbibliothek Greifswald, der Bibliothek des Geistlichen Ministeriums und des Landesarchivs Greifswald*, Wiesbaden, Harrassowitz, 1997.
Will, *Decreti Gratiani incunabula* = Erich Will, *Decreti Gratiani incunabula*, Bononiae, Institutum Gratianum, 1959 (*Studia Gratiana*, 6).

Zappella, *Marche* = Giuseppina Zappella, *Le marche dei tipografi e degli editori italiani del Cinquecento. Repertorio di figure, simboli e soggetti e dei relativi motti*, Milano, Editrice Bibliografica, 1986 (*Grandi opere*, 1).

Zehnacker, *Alsace (Bas-Rhin)* = Françoise Zehnacker, *Region Alsace (Bas-Rhin)*, I-II, [Paris], Klincksieck, 1997 (*Catalogues régionaux des incunables des Bibliothèques publiques de France*, 13).

Sitografia*

Bodleian Library
Bod-inc = <http://incunables.bodleian.ox.ac.uk/>

British Library
ISTC (*Incunabula Short Title Catalogue*) = <https://istc.bl.uk>

Camaldoli Cultura
<https://www.camaldolicultura.it> [v. Archivi Digitali —> Catalogo biblioteca —> Libro Antico]

Itinera ad loca sancta
<https://www.bibliothecaterraesanctae.org/descrizione-catalogo-itinera-ad-loca-sancta.html>

MEI = *Material Evidence in Incunabula*
<https://data.cerl.org/mei_search>

Staatsbibliothek zu Berlin
GW = *Gesamtkatalog der Wiegendrucke*
<https://www.gesamtkatalogderwiegendrucke.de>

* Tutti i siti web sono stati visitati per l'ultima volta il 23 agosto 2024.

Indice cronologico*

* Questo indice riguarda esclusivamente le schede del catalogo.

Indice degli autori, delle opere e degli *incipit*

Indice dei nomi di persona e di luogo*

*È escluso il termine *Camaldoli*. I numeri in corsivo si riferiscono alle schede di catalogo, quelli in tondo agli altri testi.

Indice dei nomi degli editori e dei tipografi*

* Questo indice riguarda esclusivamente le schede del catalogo.

Indice dei luoghi di edizione*

* Questo indice riguarda esclusivamente le schede del catalogo.

Indice dei possessori*

* Questo indice riguarda esclusivamente le schede del catalogo.

Addenda ISTC

Concordanze tra il codice ISTC e il numero delle schede del catalogo

ia00010000 *18*
ia00761300 *2 II*
ia01024000 *3*
ia01241000 *4*
ib00309000 *22*
ib00548000 *6*
ib00579000 *7*
ib00608000 *9*
ib00616000 *8*
ic01013000 *2 I*
ie00122000 *10 III*
ie00171000 *11*
ig00379000 *12*
ig00430000 *13*
ig00435000 *14*
ih00133000 *1 II*
ij00174000 *15*
in00132000 *16*
io00098000 *20*
io00101000 *21 II*
ip00611000 *10 II*
ip00654000 *19*
is00049000 *5*
it00231000 *17*
iv00091000 *1 I*

Indice delle tavole

Prologus.

Tav. I. Inc. 1, c. 9r (scheda 1).

Inscrip. Catal.o S.E.C.
IV C 6

2

C.de.P.Iacobo grasolario ciui ueneto Salutem dicit. Vellem equidē.
Iacobe carissime alium potius nullo inuolutū negotio sed doctrinæ uarie/
tate eruditū ad Diui Cæcilii Cypriani epistolas recognoscendas uocasses:
q̄ me & curis familiaribus districtū est sciētiæ tenuitate ab oī artiū ꝓfessio/
ne immunē talē prouintiā subire coegisses. Cæteꝝ qa nihil qđ iniūgis sub
terfugere ualeo: expiri decreui qđ miris qbusdā obsecrationibus pene effla
gitaueras: ut ī eaꝝ recognitiōe debitū tibi aliqđ exoluerē. Veꝝ mea me ad/
modū fefellit intētio. Nā dū impēsissimæ petitioni tuæ satisfatio: & librū
hūc recognosco: tā habūde sū lætatus ipsius sentētiaꝝ grauitate uerborūq;
elegātia & præceptis diuino quodā mō excogitatis: qbus & demulcet ani/
mū legendo & instruit: ut inde cumulū ēt meritoꝝ magis đ te mihi creuisse
putē. Quis enī nō mō industriā tuā nō laudare: ueꝝ ēt & fæcundū bonæ in
uentionis ingeniū poterit nō demirari: ꝙ cū leuitæ & clerici uitā degere de
stinaueris: hunc tibi potissimū elegeris imitandū: q eadē sorte detentus &
sanctimonia uitæ & cæteraꝝ uirtutum magisterio egregiū sit ad quod te cō
ponas exemplar? Nam si e sanctoꝝ uirorū gestis sacrarūq; scripturarum le
ctionibus nobis datū est ueluti quibusdam fidei brachiis materiam de alto
carpere: & christiani dogmatis omniū uirtutū firmissima iacere fundamen
ta: ut uiuis postmodū ex lapidibus sanctā illā hierusalē cōstruamus icælis:
qualia hæc a Cypriano habeantur & ipsius aureola martyrii: & his libris
facile elucet. utpote qui tā preconio uocis: q̄ passionis testimonio clarus ad
modū euaserit. Videor enim mihi uidere cūcta quæ memoriæ litterisq; mā
dauit: omnē fere christianā continere doctrinā. Quū duæ nāq; sint res qui
bus oīs tractatur scriptura: inueniendi. s. modus quæ intelligēda sūt & itel
lecta ꝓferēdi: dilucide cognoscit qualiter ad martyres cōfessoresq; scribēs
totā doctrinā iuxta reꝝ & signoꝝ significationem diuidat: ac res per signa
doceat. Vt utendū est rebus & fruendū: uel utrūq; simul habendū. quæ fa/
ciant beatos: quæ ad beatitudinē consequendā adiuuant. quæ deniq; nr̄os
iter utrasq; cōstitutos uel impediāt cursus uel deflectāt: ut inferiorū amore
prępediti ad illas quæ btōs nos faciūt: aut nō puenire aut ihęrere ne possi/
mus. In eo enī uolumine: qđ idola dii nō sint: & aduersus iudeos: ac in
Demetrianū enarrās qbus rebus frui hēmus: ut ē sola & indiuidua trinitas:
q naturaliter unus deus sine initio sēpiternus cogitari debet: mira breuita
te nec minori historiaꝝ omniū sciētia gētiliū pstrixit errorē: q alios ab hoc
suspicari: uocare ac colere deos cōsueuerūt: & crucis tropheū ubiq; defēdēs
eius sacramento christianā religionē fūdatā tota predicat libertate. Vt eter
no creatori adherētes nos quoq; eternitate afficiamur: quæ est a terrenis ad
cælestia quædā regressio: & ex uita ueteris hoīs ī nouum hoēm reformatio.
Quo plane misterio spes erecta credentiū sermone postmodum illo de

2

Tav. II. Inc. 2, c. 2r (scheda 2).

bili constringit & sustinet. Q propter agende qui tibi sunt imortales gratię: qui in ma
ximis tuis occupationibus nullo parcens labori duos fere menses hac in re ut humano ge
neri prodesses consumpsisti. Agende etiam Reuerendissimo & integerrimo Principi Oli/
uerio Carapha Cardinali Neapolitano patrono tuo: cuius doctrinam: grauitatem: sancti/
moniam omnes boni admirantur: & ob hoc uel maxime debere se illi profitentur ꝙ te ad
hanc Vrbem uenire iusserit: In qua ueluti in amplissimo quodam totius orbis theatro uir/
tutes tuę omnibus non sine magna sua laude esse notissime. Neq; enim quisq̃ est qui mo/
do sapientiam tuam degustauerit cuius animo Oliuerii humanissimi principis beneficen
tia non perpetuo inhęreat: Quippe a quo totum hoc boni quantumcunq; est: quod certe
plurimũ est: ueluti ex uberrimo benignitatis fonte emanauerit. Sed cui mirũ id uideri po/
test in optimo illo & diuino homine: qui non natus in terra (dicam enim libere quod sen
tio) sed ad benefaciendum omnibus e cęlo dimissus esse uidetur: cuius & innumerabilia
in bonos uiros officia extant: & tot tantaq; in Rep. Christiana pręclare gesta: ut non iniu/
ria dici posse uideatur purpurã illã q̃ cęteris ornamẽtum afferre solet plus ab Oliuerio ac/
cepisse dignitatis q̃ ei contulisse. Sed omittamus sane de laudibus Oliuerii dicere ad quas
me nec opinantem quidem ipse nescio quo modo oratiõis cursus deduxerat: iamq; in im
mensum quoddã uolumen trãsitura uidebatur epistola: Domũ ergo: hoc est: ad nosipsos
redeamus. Ego igitur qui tuo hortatu in imprimendo hoc pręclaro opere librariis prefui:
q̃uis studiose cauerim ne quid in cõponendis caracteribus aberrarent: pauca tamen hęc
fuerunt perperam expressa: quę hic in sequenti pagina annotare institui ad legentium cõ
moditatẽ. Siqua uero alia erunt (erũt aũt nisi fallor nõ multa) sedulus lector facile ea per
se deprehendet. Vale. xiiii. Kal. Augusti.

M. NIMIREVS LECTORI. S.

Qui cupis Imperio populis dare iura sagaci
Et qui non tristi fronte parere cupis.
Si te perpetuo nullis quæsita triumphis
Pax iuuat & pietas Vrbis: & alma fides.
Accipe Aristotelis præclara uolumina lector
Seu pareas: seu tu sceptra uerenda tenes.

¶ Impressum est hoc opus Romę per Magistrum Eucharium Silber: alias
Franck. Absolutumq; die Iouis. xiiii. Kal. Aug. Anno dñi. M. cccc. xcii.

¶ Registrum.
a. b. c. d. e. f. g. h. i. K. l. m. n. o. p. q. r. s. t. u. x. y. z. A. B. C. D. E. F. G. H. I. Omnes sunt quaterni.

Tav. III. Inc. 3, c. 255v (scheda 3).

oblita; vt liberatori suo nõ sit ingrata. Quãtuz
ꝗ attinet ad scientiã rõnalez. memor pterito
rũ etiã malorꝫ suorꝫ; quãtuz at ad expientis sẽ
sum. prsus imemor. Nam ꝛ peritissimus medicꝰ
sic arte sciunt. oẽs fere morbos corpis nouit.
Sic at corpe sentiũtur. plurimos nescit. qs ip
se nõ passꝰ ẽ. Vt ꝗ sciẽtie malorꝫ due sũt. vna
qua potẽtiam mẽtis nõ latẽt. alta qua expiẽ
tis sensibus inherent; alit quippe sciunt vicia
oia p sapiẽtie doctrinã. alit p insipientis pessi
mã vitam. ita vt obliuiones malorꝫ due sunt
Alit eanãqz obliuiscit erudit9 ꝛ doct9 alit ex
pert9 ꝛ passus. Ille si pitiã negligat iste si miseria careat. Scdm hãc obliuiõez quã poste
riori loco posui nõ erũt memores sancti pteri
torꝫ malorꝫ. Carebũt eñ omibus; ita vt peni
tus deleãt de sensib9 eorꝫ. Ea tñ potẽtia scie q
magna in eis erit nõ soluz sua pterita. sz etiã
damnatorꝫ eos sempiẽna miseria nõ latebit.
Alioqñ si se fuisse miseros nesciturí sunt. quõ
sic ait psalmus miscdias dñi in etnuz cãtabũt
Quo cãtico in gliam grie xpi cuius sanguie
libati sumus. nihil erit pfecto illi iocũdius ci
uitati. Ibi perficiet. vacate ꝛ videte qm ego
sum deus. Qd erit vere maximũ sabbatũ non
hñs vespam. qd omẽdauit dñs in pmis opib9
mũdi vbi legit; ꝛ reqeuit deus die septio ab
oibus opibus suis q fecit. ꝛ bñdixit deus diẽ
septimũ ꝛ sanctificauit eũ. qz in eo reqeuit de
us ab omibus opibus suis; q inchoauit deus
facẽ. Dies eñ septim9 et nosipsi erimus. quã
do eius fuerim9 bñdictiõe ꝛ sanctificatõe ple
ni. atz pfecti. Ibi vacãtes videbimus qm ipe
est deus. qd nob nosipsi esse voluim9 qñ ab illo cecidimus. audiẽtes a seductore. eritis sic
dij. ꝛ recedẽtes a vero deo. quo faciẽte dij esse
mus eius pticipatiõne nõ desertione. Quid eñ
sine illo fecim9 ñ qd in ira eius defecimus? A
quo refecti. ꝛ grã maiore pfecti vacabimus in
etnuz videtes qz ipe est deus q pleni erimus.
qñ ipse erit oia in omibus. Nam ꝛ ipa opa bõ
nostra qñ ipsius potius intelligũtur esse q no
stra. tũc nob ad h sabbatũ adipiscẽdum ipu-
tãtur. qz si nob ea tribuerim9. suilia erũt. cuz
de sabbato dicat. omne op9 suile nõ facieris
Propt qd ꝛ p ezechielem pphetaz dr. Et sab
bata mea dedi eis in signũ int me ꝛ int eos vt
scirẽt qz ego dñs q scifico eos. Hoc pfce tũc
sciem9. qñ pfce vacabi9 ꝛ pfce videbimus qz
ipse est deus. Ipse etiã nũs etatum veluti dierꝫ
si sm eos articulos tpis oputent qui in scripturis sanctis vident expssi. iste sabbatissim9 eui
deti9 apparebit. qm septim9 inuenit. vt pma
etas tanq dies pmus sit ab adam vsqz ad di-
luuiũ. secũda inde vsqz ad abrahã nõ eqlitate
tempoꝝ sed nũo gñationũ. Denas quippe ha

bere repiunt. Hinc iam sicut matheus euãge
lista determiat. tres etates vsqz ad xpi subse
quũtur aduẽtuz q singule denis ꝛ qternis ge
neratõibus explicãtur. Ab abraham vsqz ad
dauid vna; altera inde vsqz ad trsmigratõz
in babiloniã. tcia inde vsqz ad xpi carnalẽ na
tiuitatẽ. Fiũt itaqz omẽs qnqz. Sexta nc agi
tur. nullo gñationum nũo metiẽda. ppt id qd
dictum ẽ. Non est vrm scire tpa. que pat posu
it in sua ptãte. Post hanc tanq in die septi-
mo requiescet deus cũ eũdem septimuz diem
qd nos erimus in se ipso deo faciet requiescẽ.
De istis porro etatibus singul nũc diligẽter
longũ est disputare. Hec tñ septima erit sab
batum nrm cuius finis nõ erit vespa. sz dñic9
dies velut octauus. etnus. qui xpi resurrectio
ne sactus est. etnaz nõ solum spũs verum etiã
corpis requiẽ psigurãs. Ibi vacabim9 ꝛ vide
bim9. vidbim9 ꝛ amabi9. amabi9 ꝛ laudabi9
Ecce qd erit in fine. sine fine. Naz quis ali9 nr
est finis ñ puenire ad regnuz cuius nullus ẽ finis. Videor mihi debitũ ingẽtis hui9 opis ad
iuuãte dño reddidisse. Quibus parũ vl qbus
nimiũ est mihi ignoscãt. quib9 at satis est. nõ
mihi sed deo mecũ grãs ogratulãtes agãt.
Amen.

Textus sancti Augustini de ciuitate dei Ba
silee impressus Explicit feliciter. Anno. lxxix. 1479.

Tav. IV. Inc. 4, c. 159r (scheda 4).

552
556

Ad Emptorem.

Vita hominis breuis est: eademqꝫ est lege regenda:
Seruanda ⁊ nostri que voluere patres.
At labor est ingens: multos percurrere libros.
Pro multis nobis hic satis vnus erit.
Est opus electum: nomenqꝫ Rosella: legenti
Utilis: ⁊ nullo frigore lesa viret.
Emptor habes: animam valeas quo pascere flore:
E celo venit: quicquid odoris habet.

Ad Impressorem.

Hactenus ingenio valuit gens barbara: nãqꝫ
Impressit plumbo quicquid vbiqꝫ legis.
Mantua quem genuit: nũc est tua palma Georgi
Quilibet ingenio cedit: ⁊ arte tibi.

Tav. V. Inc. 5, c. 556r (scheda 5).

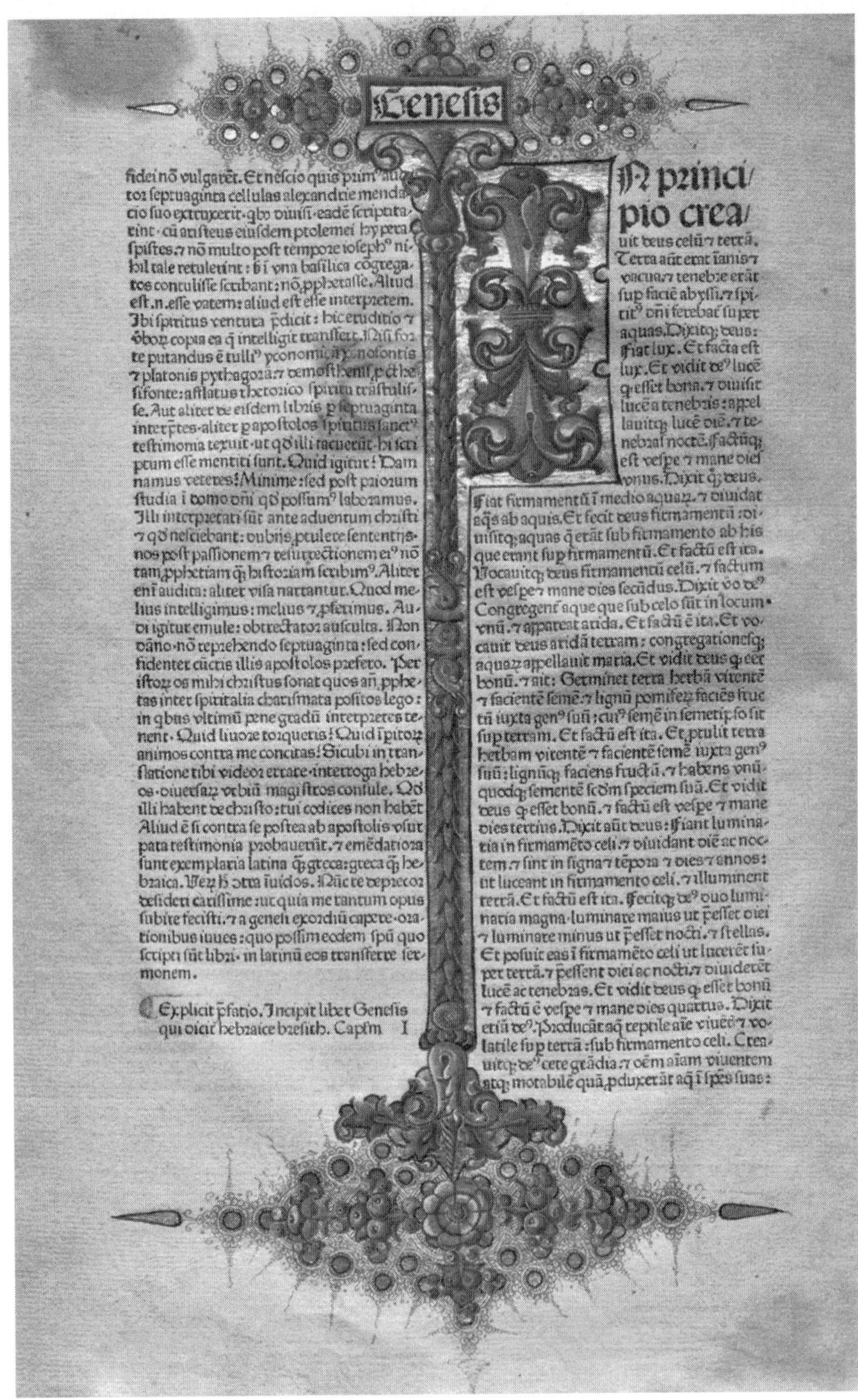

Geneſis

fidei nō vulgarēt. Et neſcio quis pꝛim⁹ au-
toꝛ ſeptuaginta cellulas alexandrie mendacio ſuo extruxerit· qbꝰ diuiſi· eadē ſcripta-
rint· cū ariſteus eiuſdem ptolemei hyperaſ-
piſtes: ⁊ nō multo poſt tempoꝛe ioſeph⁹ nihil tale retulerint: ſꝫ ī vna baſilica cōgrega-
tos contuliſſe ſcribant: nō ꝓphetaſſe. Aliud
eſt. n. eſſe vatem: aliud eſt eſſe interpꝛetem.
Ibi ſpiritus ventura ꝑdicit: hic eruditio ⁊
vbo⁊ copia ea q̄ intelligit transfert. Niſi foꝛ-
te putandus ē tulli⁹ yconomicū xenofontis
⁊ platonis pythagoꝛā: ⁊ demoſthenis ꝓ cthe-
ſifonte: afflatus rhetoꝛico ſpiritu trāſtuliſ-
ſe. Aut aliter de eiſdem libꝛis ꝑ ſeptuaginta
interꝑtes· aliter ꝑ apoſtolos ſpiritus ſanct⁹
teſtimonia texuit· ut qđ illi tacuerint· hi ſcri-
ptum eſſe mentiti ſunt. Quid igitur? Damnamus veteres? Minime: ſed poſt pꝛioꝛum
ſtudia ī domo dn̄i qđ poſſum⁹ laboꝛamus.
Illi interpꝛetati ſūt ante aduentum chꝛiſti
⁊ qđ neſciebant: dubijs ꝓtulere ſententijs.
nos poſt paſſionem ⁊ reſurrectionem ei⁹ nō
tam ꝓphetiam q̄ꝫ hiſtoꝛiam ſcribim⁹. Aliter
enī audita: aliter viſa narrantur. Quod melius intelligimus: melius ⁊ ꝓferimus. Audi igitur emule: obtrectatoꝛ auſculta. Non
dān̄o· nō repꝛehendo ſeptuaginta: ſed confidenter cūctis illis apoſtolos pꝛefero. Per
iſto⁊ os mihi chꝛiſtus ſonat quos an̄ ꝓphe-
tas inter ſpiritalia charismata poſitos lego:
in qbus vltimū pene gradū interpꝛetes te-
nent· Quid liuoꝛe toꝛqueris? Quid ī pito⁊
animos contra me concitas? Sicubi in tran-
ſlatione tibi videoꝛ errare· interroga hebꝛe-
os· diuerſa⁊ vrbiū magiſtros conſule. Qđ
illi habent de chꝛiſto: tui codices non habēt
Aliud ē ſi contra ſe poſtea ab apoſtolis vſur-
pata teſtimonia pꝛobauerūt. ⁊ emēdatioꝛa
ſunt exemplaria latina q̄ꝫ greca: greca q̄ꝫ he-
bꝛaica. Ve⁊ hꝫ ɔtra inuidos. Nūc te depꝛecoꝛ
deſideri cariſſime: ut quia me tantum opus
ſubire feciſti. ⁊ a geneſi exoꝛdiū capere· oꝛa-
tionibus iuues: quo poſſim eodem ſpū quo
ſcripti ſūt libꝛi· in latinū eos transferre ſer-
monem.

Explicit ꝑfatio. Incipit liber Geneſis
qui dicit̄ hebꝛaice bꝛeſith. Capꝫm I

IN pꝛinci-
pio crea-
uit deus celū ⁊ terrā.
Terra aūt erat īanis ⁊
vacua. ⁊ tenebꝛe erāt
ſup faciē abyſſi. ⁊ ſpi-
rit⁹ dn̄i ferebat̄ ſuper
aquas. Dixitq̄ꝫ deus:
Fiat lux. Et facta eſt
lux. Et vidit de⁹ lucē
q̄ eſſet bona. ⁊ diuiſit
lucē a tenebꝛis: appel-
lauitq̄ꝫ lucē diē. ⁊ te-
nebꝛas noctē. Factūq̄ꝫ
eſt veſpe ⁊ mane dies
vnus. Dixit q̄ꝫ deus.
Fiat firmamentū ī medio aqua⁊. ⁊ diuidat
aq̄s ab aquis. Et fecit deus firmamentū: di-
uiſitq̄ꝫ aquas q̄ erāt ſub firmamento ab his
que erant ſup firmamentū. Et factū eſt ita.
Vocauitq̄ꝫ deus firmamentū celū. ⁊ factum
eſt veſpe ⁊ mane dies ſecūdus. Dixit vo de⁹
Congregent̄ aque que ſub celo ſūt in locum
vnū. ⁊ appareat arida. Et factū ē ita. Et vocauit deus aridā terram: congregationeſq̄ꝫ
aqua⁊ appellauit maria. Et vidit deus q̄ eet
bonū. ⁊ ait: Germinet terra herbā virentē
⁊ facientē ſemē: ⁊ lignū pomife⁊ faciēs fructū iuxta gen⁹ ſuū: cui⁹ ſemē in ſemetipſo ſit
ſup terram. Et factū eſt ita. Et ꝓtulit terra
herbam virentē ⁊ facientē ſemē iuxta gen⁹
ſuū: lignūq̄ꝫ faciens fructū. ⁊ habens vnū-
quodq̄ꝫ ſementē ſcđm ſpeciem ſuā. Et vidit
deus q̄ eſſet bonū. ⁊ factū eſt veſpe ⁊ mane
dies tertius. Dixit aūt deus: Fiant luminaria in firmamēto celi. ⁊ diuidant diē ac noctem. ⁊ ſint in ſigna ⁊ tēpoꝛa ⁊ dies ⁊ annos:
ut luceant in firmamento celi. ⁊ illuminent
terrā. Et factū eſt ita. Fecitq̄ꝫ de⁹ duo luminaria magna· luminare maius ut ꝑeeſſet diei
⁊ luminare minus ut ꝑeeſſet nocti. ⁊ ſtellas.
Et poſuit eas ī firmamēto celi ut lucerēt ſuper terrā. ⁊ ꝑeeſſent diei ac nocti. ⁊ diuiderēt
lucē ac tenebꝛas. Et vidit deus q̄ eſſet bonū
⁊ factū ē veſpe ⁊ mane dies quartus. Dixit
etiā de⁹. Pꝛoducāt aq̄ reptile aīe viuētꝭ ⁊ volatile ſup terrā: ſub firmamento celi. Crea-
uitq̄ꝫ de⁹ cete grādia: ⁊ oēm aīam viuentem
atq̄ꝫ motabilē quā ꝓduxerāt aq̄ ī ſpēs ſuas:

Tav. VI. Inc. 7, c. 2v (scheda 6).

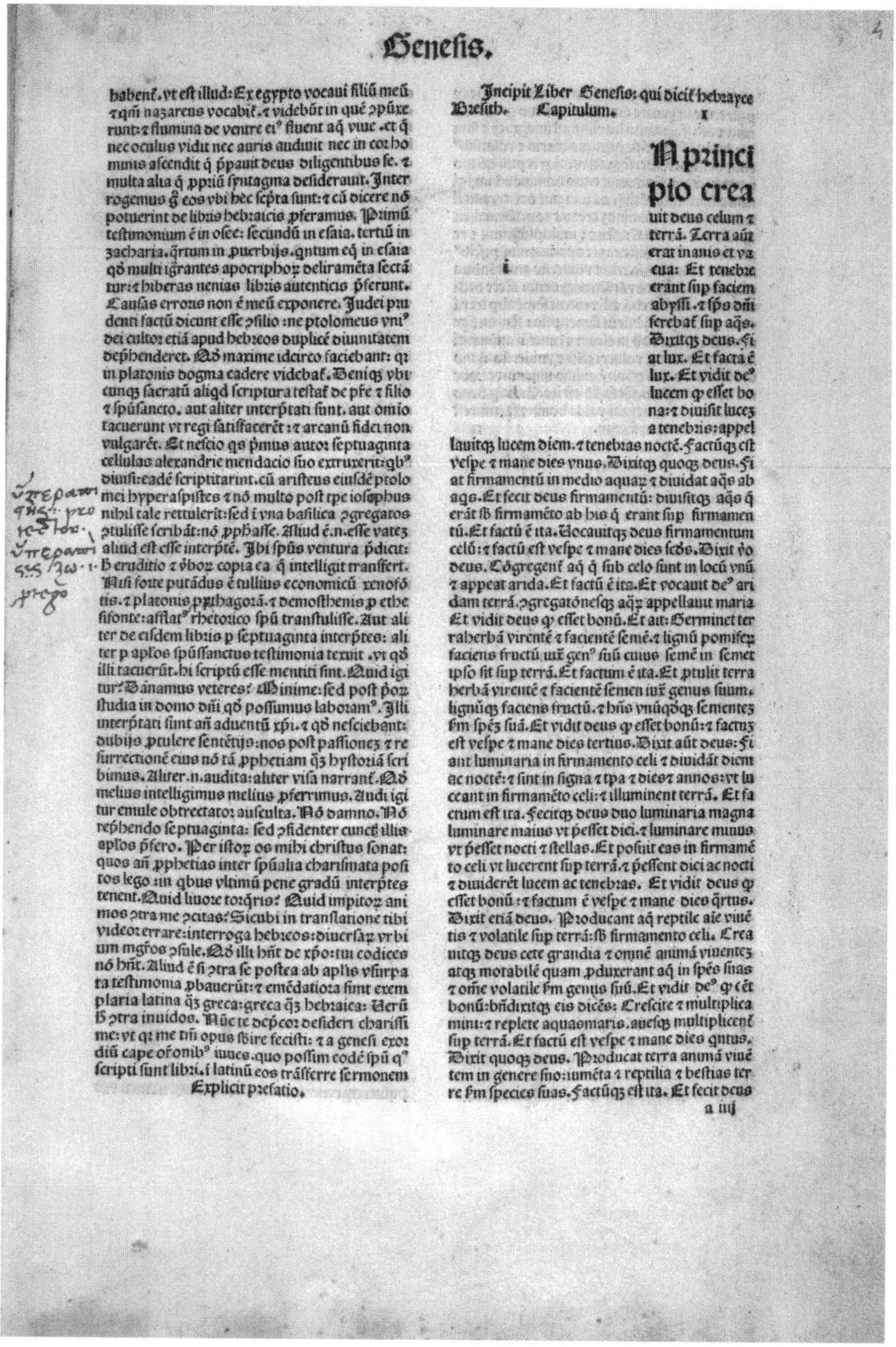

Genesis.

habetur. vt est illud: Ex egypto vocaui filiu meu
et qm nazareus vocabitur. et videbunt in que compunxe
runt: et flumina de ventre eius fluent aque viue. et que
nec oculus vidit nec auris audiuit nec in cor ho
minis ascendit que preparauit deus diligentibus se. et
multa alia que proprium syntagma desiderauit. Inter
rogemus ergo eos vbi hec scripta sunt: et cum dicere non
potuerint de libris hebraicis proferamus. Primum
testimonium est in osee: secundum in esaia. tertium in
zacharia. quartum in prouerbiis. quintum eque in esaia
quod multi ignorantes apocriphorum deliramenta sectan
tur: et hiberas nenias libris autenticis preferunt.
Causas erroris non est meum exponere. Iudei pru
denti factum dicunt esse consilio: ne ptolomeus vnius
dei cultor etiam apud hebreos duplicem diuinitatem
deprehenderet. Quod maxime idcirco faciebant: quia
in platonis dogma cadere videbatur. Denique vbi
cunque sacratum aliquid scriptura testatur de patre et filio
et spiritusancto. aut aliter interpretati sunt. aut omnino
tacuerunt vt regi satisfacerent: et arcanum fidei non
vulgarent. Et nescio quis primus auctor septuaginta
cellulas alexandrie mendacio suo extruxerit: quibus
diuisi: eadem scriptitarint. cum aristeus eiusdem ptolo
mei hyperaspistes et non multo post tempore iosephus
nihil tale retulerit: sed in vna basilica congregatos
contulisse scribant: non prophetasse. Aliud est enim esse vatem
aliud est esse interpretem. Ibi spiritus ventura predicit:
hic eruditio et verborum copia ea que intelligit transfert.
Nisi forte putandus est tullius economicum xenofon
tis. et platonis pythagoram. et demosthenis pro ethe
sifonte: afflatus rhetorico spiritu transtulisse. Aut ali
ter de eisdem libris per septuaginta interpretes: ali
ter per apostolos spiritussanctus testimonia texuit. vt quod
illi tacuerunt. hi scriptum esse mentiti sint. Quid igi
tur? Damnamus veteres? Minime: sed post priorum
studia in domo domini quod possumus laboramus. Illi
interpretati sunt ante aduentum christi. et quod nesciebant:
dubiis protulere sententiis: nos post passionem et re
surrectionem eius non tam prophetiam quam hystoriam scri
bimus. Aliter enim audita: aliter visa narrantur. Quod
melius intelligimus melius proferimus. Audi igi
tur emule obtrectator: ausculta. Non damno. Non
reprehendo septuaginta: sed confidenter cunctis illis
apostolos prefero. Per istorum os mihi christus sonat:
quos ante prophetias inter spiritualia charismata posi
tos lego: in quibus vltimum pene gradum interpretes
tenent. Quid liuore torqueris? Quid imperitorum ani
mos contra me concitas? Sicubi in translatione tibi
videor errare: interroga hebreos: diuersarum vrbi
um magistros consule. Quod illi habent de christo: tui codices
non habent. Aliud est si contra se postea ab apostolis vsurpa
ta testimonia probauerunt: et emendatiora sunt exem
plaria latina quam greca: greca quam hebraica. Verum
hec contra inuidos. Nunc te deprecor desideri charissi
me: vt qui me tantum opus subire fecisti: et a genesi exor
dium capere orationibus iuues. quo possim eodem spiritu quo
scripti sunt libri. in latinum eos transferre sermonem
Explicit prefatio.

Incipit Liber Genesis: qui dicitur hebrayce
Bresith. Capitulum. I

In princi
pio crea
uit deus celum et
terram. Terra autem
erat inanis et va
cua: Et tenebre
erant super faciem
abyssi. et spiritus domini
ferebatur super aquas.
Dixitque deus. Fi
at lux. Et facta est
lux. Et vidit deus
lucem quod esset bo
na: et diuisit lucem
a tenebris: appel
lauitque lucem diem. et tenebras noctem. Factumque est
vespe et mane dies vnus. Dixitque quoque deus. Fi
at firmamentum in medio aquarum et diuidat aquas ab
aquis. Et fecit deus firmamentum: diuisitque aquas que
erant sub firmamento ab his que erant super firmamen
tum. Et factum est ita. Vocauitque deus firmamentum
celum: et factum est vespe et mane dies secundus. Dixit vero
deus. Congregentur aque que sub celo sunt in locum vnum
et appareat arida. Et factum est ita. Et vocauit deus ari
dam terram. congregationesque aquarum appellauit maria
Et vidit deus quod esset bonum. Et ait: Germinet ter
ra herbam virentem et facientem semen. et lignum pomiferum
faciens fructum iuxta genus suum cuius semen in semet
ipso sit super terram. Et factum est ita. Et protulit terra
herbam virentem et facientem semen iuxta genus suum.
lignumque faciens fructum. et habens vnumquodque sementem
secundum speciem suam. Et vidit deus quod esset bonum: et factum
est vespe et mane dies tertius. Dixit autem deus: Fi
ant luminaria in firmamento celi et diuidant diem
ac noctem: et sint in signa et tempora et dies et annos: vt lu
ceant in firmamento celi: et illuminent terram. Et fa
ctum est ita. Fecitque deus duo luminaria magna
luminare maius vt preesset diei. et luminare minus
vt preesset nocti et stellas. Et posuit eas in firmame
to celi vt lucerent super terram. et preessent diei ac nocti
et diuiderent lucem ac tenebras. Et vidit deus quod
esset bonum: et factum est vespe et mane dies quartus.
Dixit etiam deus. Producant aque reptile anime viuen
tis et volatile super terram: sub firmamento celi. Crea
uitque deus cete grandia et omnem animam viuentem
atque motabilem quam produxerant aque in species suas
et omne volatile secundum genus suum. Et vidit deus quod esset
bonum: benedixitque eis dicens: Crescite et multiplica
mini: et replete aquas maris. auesque multiplicentur
super terram. Et factum est vespe et mane dies quintus.
Dixit quoque deus. Producat terra animam viuen
tem in genere suo: iumenta et reptilia et bestias ter
re secundum species suas. Factumque est ita. Et fecit deus
a iiij

(marginal manuscript note:) ὑπερασπιστής: pro tector. ὑπερασπίζω, i. protego

Tav. VII. Inc. 8, c. 4r (scheda 7).

Tav. VIII. Inc. 8, taglio e piatto anteriore (scheda 7).

136

Numeri

erat in parte orientali. a Quisquis alienus accesserit. s. sine licentia. Consequenter ponit numerum omniuȝ leuitarũ simul di- cens. Omnes leuite ꝛc. sequit. b Fuerũt vigintiduo mi. Si ... ad obsequiũ meũ. e Et pe. ꝛc. dicit ãt Ra. sa. q pecora mũda ali a rũ tribuũ nõ itelligũt h cõputata. qr imolãda erãt dño: sȝ imũda q re- dimebãt pecunia. vt hr infra. 18. c. excepto asino q cõmutabat oue.

ait considerãt nũeri psonales leuitarũ pdi ci faciũt. 22. milia ꝛ 300. Ad qd dicẽ du q illi. 300. q h ta cẽt fuerũt pgeniti. ꝛ id nõ debebãt h nũero includi. qr ista nũera tio nouitia erat illorũ q poterant accipi p p- genit aliarũ tribuũ q nõ poterat fieri d pgenit leuitarũ. qr ex seipsis erãt obli- gati dño rõne pge- niture. c Et ait ... agit de cõ mutatõe leuitarũ p pgenit aliarũ tribuũ qr pmittit nũera- tio. ... Nũera p- genitos ꝛc. ꝛ sbdit cõmutatio. ... Tollesqȝ le. mi. i.

Quisqs alien⁹ accesserit morieť
Os leuite quos nũerauerit moyses ꝛ aarõ: iuxta pceptũ dñi p fa-
milias suas in gñe masculino a
mẽse vno ꝛ sup: fuerũt uigitiduo
milia. Et ait dñs ad moysẽ. Nu
mera primogenitos sex⁹ masculini
de filiis isrl ab vno mẽse ꝛ supra
ꝛ habebis summã eorũ. Tollesqȝ
leuitas mihi p oi primogẽito filio
rũ isrl. Ego sum dñs. Et pecora
eorũ p vniũsis primogẽitis pecorũ filiorũ isrl. Recẽsuit moyses sic p-
ceperat dñs primogẽitos filiorũ isrl:
ꝛ fuerũt masculini p noia sua a mẽ
se vno ꝛ sup: vigitiduo milia du
cẽti septuagitatres. Locutusqȝ
ẽ dñs ad moysẽ dicẽs. Tolle leuitas p primogẽitis filiorũ isrl: ꝛ pecora leuitarũ p pecorib⁹ eorũ: erũt
qȝ leuite mei. ego sũ dñs. In pre
cio ãt ducẽtorũ septuagitatriũ: q
excedũt nũerũ leuitarũ d primogẽitis
filiorũ isrl: accipiẽs qnqȝ siclos p
singula capita ad mẽsurã sctuarij
Sicl⁹ hȝ vigiti obolos. Dabisqȝ
pecuniã aarõ ꝛ filijs ei⁹ preciũ eorũ
q sup sũt. Tulit igit moyses pecu
niã eorũ q fuerãt ãpli⁹ ꝛ quos re
demerat a leuitis p primogẽitis filiorũ
isrl: mille trecẽtorũ sexagitaqnqȝ
siclorũ iuxta pond⁹ sctuarij: ꝛ dedit
eã aarõ ꝛ filijs ei⁹ iuxta vbũ qd p
ceperat sibi dñs. IIII.

vt ibidẽ dr. cetera patẽt ex dictis vsqȝ ibi. f In precio ꝛc. s. pgenitorũ aliarũ tribuũ. g Accipies qnqȝ si. a qlibet. qr nõ po terãt redimi p psonas le uitarũ. id redimunt precio. de quãtitate ãt sicli dicũ ẽ Exo. 30. h Mille 365. si. tm̃ enĩ ascendit sũ ma si p qlibȝ h mõ redẽ ptorũ accipiãt qnqȝ sicli. vt pȝ si qs velit nũerare. Ad euidẽtiã maiorẽ pdi ctorũ h dscripta ẽ figura situatiõis castrorũ circa tabernaculum. Notãdũ q Uegetius libro de re militari dicit q optim⁹ si tus castrorum est in figu ra qdrata. ꝛ id sic debẽt situari nisi dispositio loci ipediat: ppr qd castra isrl h posui in figura qdrata.

Tav. IX. Inc. 9, c. 136r (scheda 8).

Matthei C I

migratione babylonis. Et post transmigrationem babylonis Jechonias genuit salathiel. Salathiel autem genuit zorobabel. Zorobabel autem genuit abiud. Abiud autem genuit eliachim. Eliachim autem genuit azor. Azor autem genuit sadoch. Sadoch autem genuit achim. Achim autem genuit eliud. Eliud autem genuit eleaçar. Eleaçar autem genuit mathan. Mathan autem genuit iacob. Jacob autem genuit Joseph virum Marie de qua natus est Jesus qui vocatur xps.

Nicolaus

De lyra

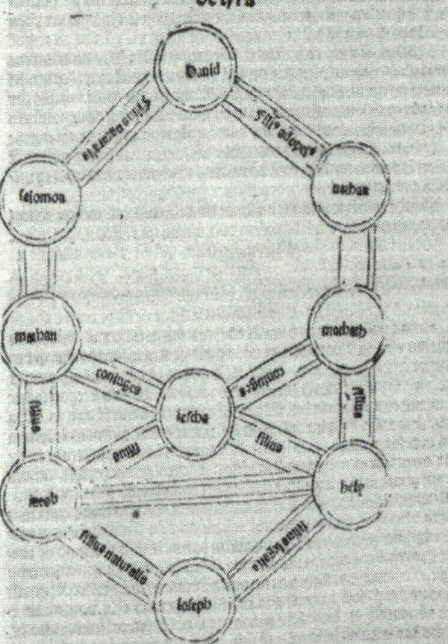

Tav. X. Inc. 10, c. 5r (scheda 9).

LIBER SEXTVS

apud eos natæ fœminæ in capricorno aut aquario male affectam uenerem habuerunt:
nec uiri oẽs in ariete una cum marte constituta uenere nati sunt: quod fortes simul & de
licatos efficere uiros chaldæorum nugæ conclamant: Mulieres in bactris præstanti orna-
tu atq; unguentis utuntur: & ab ancillis & seruis multo magis q̃ earum mariti cultæ sin
gulari quadam pompa equitantes exeunt auro atq; lapidibus phaleris equorum orna-
tis: nec caste uiuunt: sed tam seruis q̃ conuenis permiscẽtur: nec a uiris accusantur: quip
pe cum eorum dñari uideantur nec bactrianarum oĩum natiuitas uenerem cũ Ioue ac
marte in medio cæli & terminis ueneris habuit. Apud arabes adulteræ oẽs interimunt̃:
& suspectæ solũmodo puniũtur. In parthia uero atq; armenia interdum a iudicibus iu
dicibus interdũ occisi a cognatis homicidæ necantur. Qui aũt uxorẽ aut filium aut filiã
aut cælibem fratrem aut innuptam sororẽ interfecerit nec accusatur quidem: lege nanq;
ita sancitum est cum apud græcos & romanos uideamus maiori supplicio paricidia ex
piari. In atriis qui aliquid uel minimũ furatus est lapidibus obruitur. In bactris qui pau
ca furatur sputis de decoratur. Romanorum legibus uulneribus cæditur: ab euphrate
fluuio usq; ad orientalem oceanum cui cædes uel furtum obiicitur non magno mœro-
re torquetur. Qui uero pudorem masculi eripuit si res in lucem uenerit magnitudine
ignominiæ se ipsum interficere cogitur. Græcorum ẽt sapientes speciosos sequi pueros
non uerentur. In eadẽ orientis plaga parẽtes atq; cognati si cognouerint filios aut agna
tos turpitudini se subiecisse & interficiunt & sepulturæ tradere non dignãtur. Apud gal
los aũt pueri publice nubunt: nulloq; dedecore propter legem notãtur: nec est pfecto
possibile oẽs qui apud gallos produ͂t florem ætatis uenerem & mercurium in domo sa
turni & martis termino occidentes habere. Multi uiri apud britannos unam uxorẽ habent apud parthos econtra multæ fœminæ unum maritum: casteq; omnes uiuunt legi
bus obtemperantes. Amazones uiros non habent: sed tempore ueris fines suos egrediẽ
tes cum uicinis conueniunt. Vnde omnes naturali lege eodem tempore pariunt: mascu
lisq; interfectis solas fœminas alunt bellicosæq; omnes similiter sunt magnam exercita-
tionis bellicæ curam gerentes: Mercurius in domo sua cum uenere a chaldæis efficere di
citur homines numularios & qui fingere atq; pingere sciunt: in domo uero ueneris un-
guentarios uocẽ exercentes histriones actoresq; fabularum. At apud Saracenos & mau
ros in supiore quoq; libya & exteriore germania & apud Sarmatas & scythas cæterasq;
gentes quæ septẽtrionales ponti partes habitant in Alania quoq; atq; in Albania Othe
ne Saunia atq; Aurea nullus numularius nullus pictor non architectus non geometra
nemo exercens uocem nemo fabularum actor inuenitur: sed inanis omnino in tot tan-
tisq; orbis terrarum partibus mercurii atq; ueneris huiusmodi cõiunctio inuenitur: omnes medi canes non parua alunt cura: quibus morientes homines adhuc spirantes proĩi
ciunt: neq; omnes in natiuitate diurna lunam cum marte sub terra in cancro habuerunt
Indi mortuos cremant: quibus cum sponte uxores concremantur: nec omnes qui spon
te rogum mariti ascendunt mulieres natiuitate nocturna solem cum marte in termino
martis in leone habuerunt. Plurimi germanorum laqueo gulam frangunt: nec est possi
bile omnes qui ita se suspendit intercæptam a Saturno atq; Marte lunã habuisse. Quid
plura singulis horis apud omnes gentes homines nascũtur. Vbiq; autem leges atq; mo
res propter liberam hominis potestatem præualere uidemus nec natiuitas aliqua nolẽ-
tes Seras ad homicidiũ compellit: aut brachmanas ad esum carnium: nec psæ a scelera-
tis nuptiis remouent̃: nec indi a rogo: nec medi a canibus: nec parthi ne multas ducant
uxores: nec a castitate mesopotamiẽses fæminæ nec græci a gymnasiis ubi nudis corpo

Tav. XI. Inc. 12, c. 315r (scheda 10).

322

cccxiiii

& optimorum principum nomen per eloquentissimos uiros sempiternum fiat. Et sapienter etiã: ac sũma cũ rõe ꝓuideamus, ut honestos mores: & uirtu
tes a teneris ĩbibamus annis: Nã cũ reliq̃ momẽtanea: & fugacia bona: &
fortnne ludibria sint: uirtutis ꝓfecto constans: & eterna: ac certa est posses
sio. Nõ enĩ ad cibũ: ac potũ: nõ ad prurientẽ corporis uoluptatẽ: q̃ ipsa nobis cũ pecudibꝰ sunt cõmunia: sed ad decus: dignitatẽq; nati sumus: Idcirco nobis mens data est ĩmortalis ac diuina: ut ĩmortalitati seruientes dei si
mus q̃similimi: & quo pacto ꝓpius ad deũ accedimus q̃ per uirtutes? Naꝫ si
bene: & uirtuose uiuendi cura nobis esset ut uiuendi: infinitos pene labores
quibꝰ stulticia estuat humana tanq̃ supfluos: & insanos fugiendos longe:
omittendosq; putaremus: nũc autẽ omnis error noster ab eo manat: q; sine
ꝓposito: sine fine uiuimus: & nõ tã p callẽ aliquẽ ꝓspectũ & certũ: q̃ p obla
tã nobis semitã fortuito ambulamꝰ: ut sepe quo nr̃i forent gressus: nec ipsi q
dẽ sciamus edicere: & tanq̃ tenebris obducti p deuia aberramus. Sed aduer
sus hanc humani generis cecitatẽ & tenebras: opem a philosophia: hoc est a
p̃nti nr̃o opere saluberrimo: quod fere totũ uera refulget sophia petenda esse censeo: que si forte dignata lumẽ suum admouerit: hanc omnem que nos
turbant caliginẽ dissipabit: uerãq; uiuendi uiam a fallaci discernet. Si ergo beati esse uolumus operam demus: ut boni simus. uirtutesq; exerceamus
celestia spectemus: humana contẽnamus: non sermonibus uulgi nos demus
nec in premiis humanis spem ponamus reruꝫ nostrarũ: & sine illecebris opor
tet ipsa uirtus ad uerum nos trahat deus: & gloriã sempiternam: Ad quaꝫ
nos pducat qui uiuit & regnat trinus & uuus p infinita secula Amen.

Summa Oratorum omnium: Poetarum: ac Philosophoruꝫ
autoritates in unum collecte per clarissimũ uirum Albertũ
de Eiib vtriusq; iuris doctorem eximiũ que margarita poe
tica dicitur: feliciter finem adepta est per ingeniosum virum
magistrũ Vdalricũ Gallũ alias Han Alamanũ ex Ingelstat
ciuem wienensem: non calamo. ereoue stilo: Sed noue artis
ac solerti industrie genere Rome impressa Anno incarnationis dominice Mcccclxxv. die uero xx. mensis decembris:
Anni Iubilei. Sedente Sixto diuina prouidentia papa iiii.
pontifice maximo.

Tav. XII. Inc. 13, c. 322r (scheda 11).

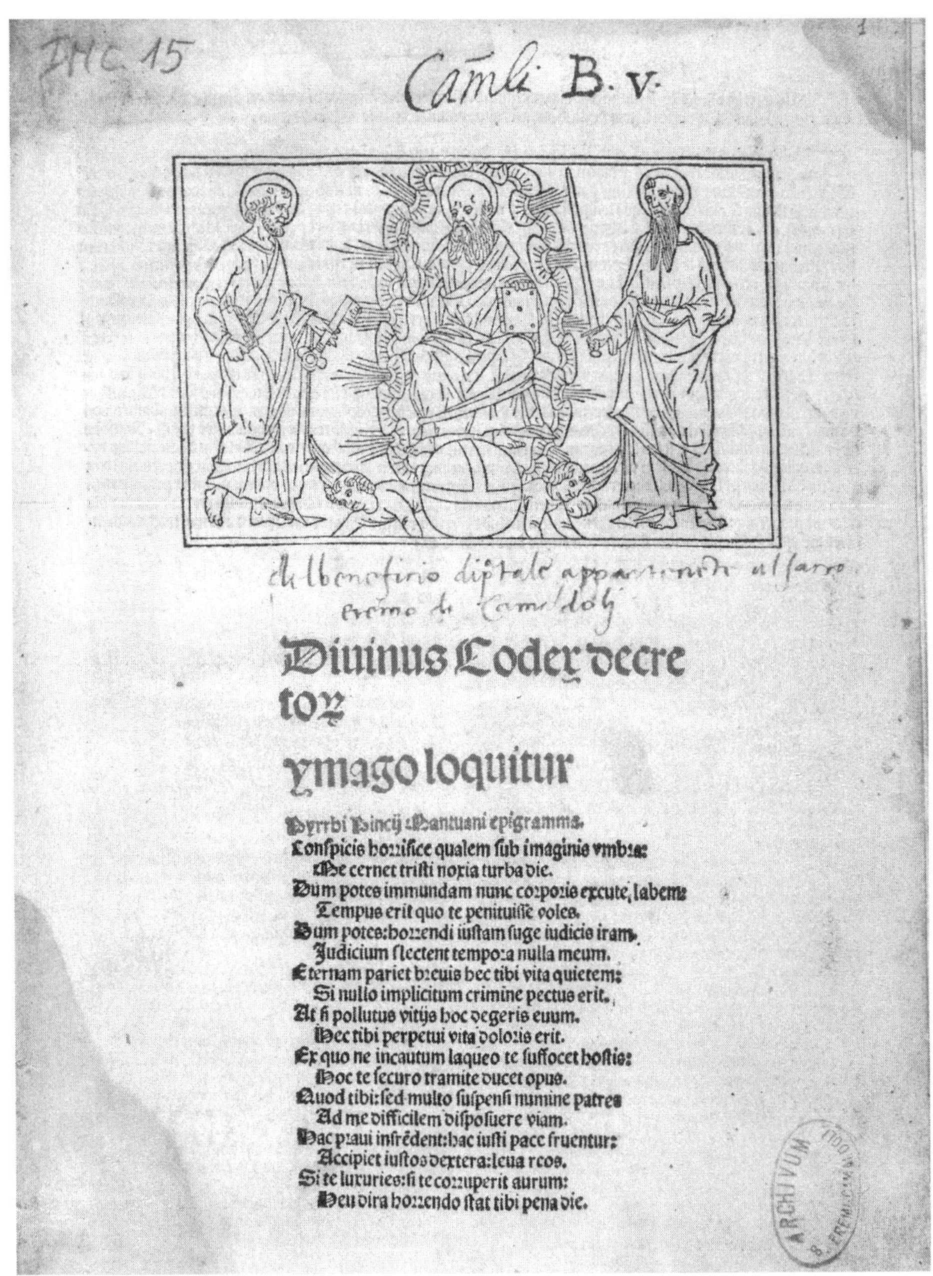

Divinus Codex decretorum

ymago loquitur

Pyrrhi Pincij Mantuani epigramma.
Conſpicis horrifice qualem ſub imaginis vmbra:
Me cernet triſti noxia turba die.
Dum potes immundam nunc corporis excute labem:
Tempus erit quo te penituiſſe doles.
Dum potes: horrendi iuſtam ſuge iudicis iram.
Judicium ſlectent tempora nulla meum.
Eternam pariet breuis hec tibi vita quietem:
Si nullo implicitum crimine pectus erit.
At ſi pollutus vitijs hoc degeris euum.
Hec tibi perpetui vita doloris erit.
Ex quo ne incautum laqueo te ſuffocet hoſtis:
Hoc te ſecuro tramite ducet opus.
Quod tibi: ſed multo ſuſpenſi numine patres
Ad me difficilem diſpoſuere viam.
Hac praui inſrẽdent: hac iuſti pace fruentur:
Accipiet iuſtos dextera: leua reos.
Si te luxuries: ſi te corruperit aurum:
Heu dira horrendo ſtat tibi pena die.

Tav. XIII. Inc. 15, c. 1r (scheda 12).

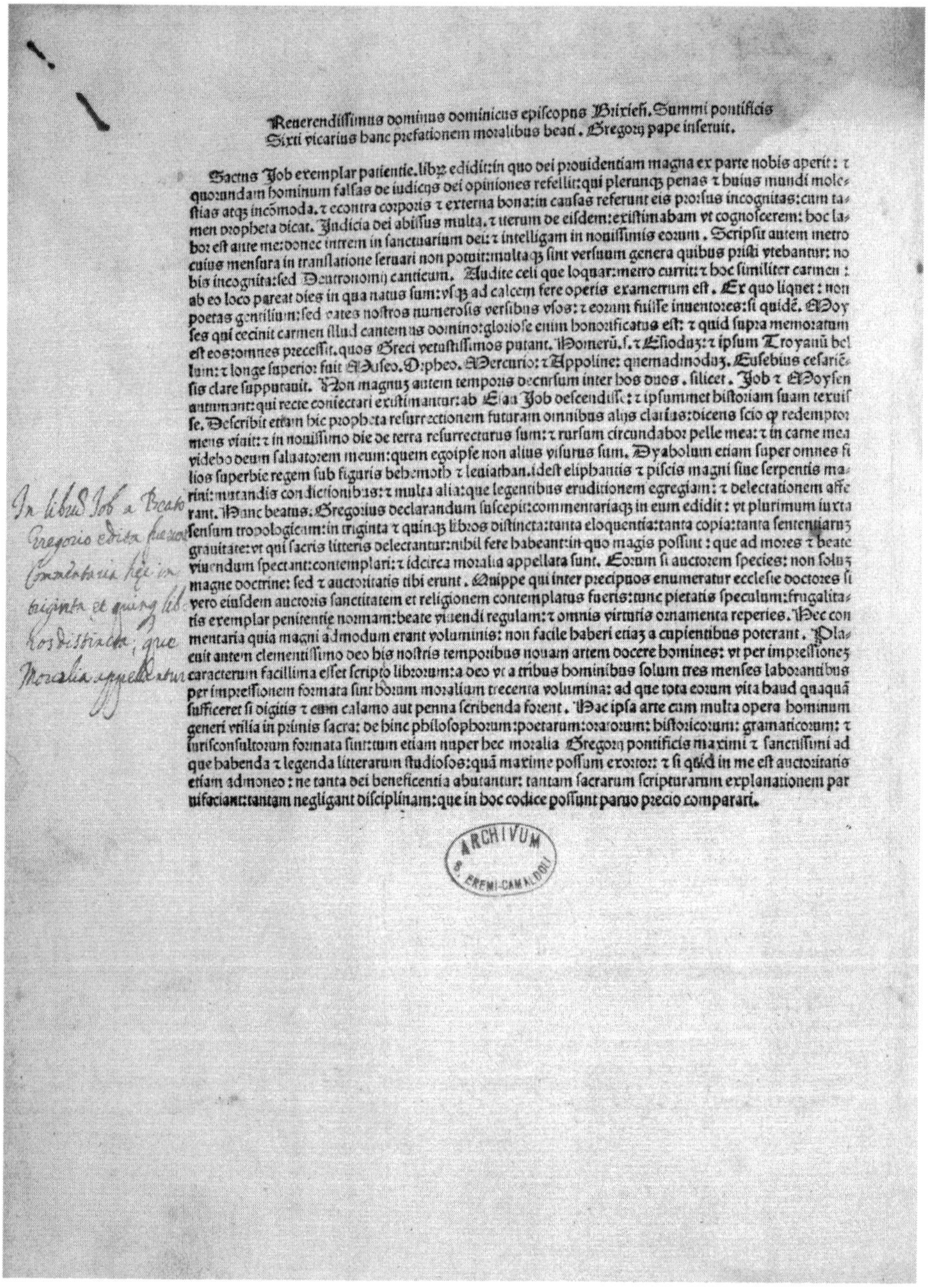

Reuerendissimus dominus dominicus episcopus Brixiensis. Summi pontificis
Sixti vicarius hanc prefationem moralibus beati. Gregorij pape inseruit.

Sanctus Job exemplar patientie. librum edidit: in quo dei prouidentiam magna ex parte nobis aperit: ⁊
quorundam hominum falsas de iudicijs dei opiniones refellit: qui plerunque penas ⁊ huius mundi mole-
stias atque incōmoda. ⁊ econtra corporis ⁊ externa bona: in causas referunt eis prorsus incognitas: cum tamen propheta dicat. Judicia dei abissus multa. ⁊ iterum de eisdem: existimabam vt cognoscerem: hoc labor est ante me: donec intrem in sanctuarium dei: ⁊ intelligam in nouissimis eorum. Scripsit autem metro
cuius mensura in translatione seruari non potuit: multaque sint versuum genera quibus prisci vtebantur: no
bis incognita: sed Deutronomij canticum. Audite celi que loquar: metro currit: ⁊ hoc similiter carmen:
ab eo loco pareat dies in qua natus sum: vsque ad calcem fere operis examentrum est. Ex quo liquet: non
poetas gentilium: sed vates nostros numerosis versibus vsos: ⁊ eorum fuisse inuentores: si quidē. Moy
ses qui cecinit carmen illud cantemus domino: gloriose enim honorificatus est: ⁊ quid supra memoratum
est eos: omnes precessit. quos Greci vetustissimos putant. Homerū. s. ⁊ Esiodum: ⁊ ipsum Troyanū bel
lum: ⁊ longe superior fuit Museo. Orpheo. Mercurio: ⁊ Appoline: quemadmodum. Eusebius cesarie̅-
sis clare supputauit. Non magnum autem temporis decursum inter hos duos. silicet. Job ⁊ Moysen
autumant: qui recte coniectari existimantur: ab Eian Job descendisse: ⁊ ipsummet historiam suam texuis
se. Describit etiam hic propheta resurrectionem futuram omnibus alijs clarius: dicens scio quod redemptor
meus viuit: ⁊ in nouissimo die de terra resurrecturus sum: ⁊ rursum circundabor pelle mea: ⁊ in carne mea
videbo deum saluatorem meum: quem egoipse non alius visurus sum. Dyabolum etiam super omnes fi
lios superbie regem sub figuris hehemoth ⁊ leuiathan. idest eliphantis ⁊ piscis magni siue serpentis marini: mutandis condictionibus: ⁊ multa alia: que legentibus eruditionem egregiam: ⁊ delectationem affe
rant. Hanc beatus. Gregorius declarandum suscepit: commentariaque in eum edidit: vt plurimum iuxta
sensum tropologicum: in triginta ⁊ quinque libros distincta: tanta eloquentia: tanta copia: tanta sententiarum
grauitate: vt qui sacris litteris delectantur: nihil fere habeant: in quo magis possint: que ad mores ⁊ beate
viuendum spectant: contemplari: ⁊ idcirca moralia appellata sunt. Eorum si auctorem species: non solum
magne doctrine: sed ⁊ auctoritatis tibi erunt. Quippe qui inter precipuos enumeratur ecclesie doctores si
vero eiusdem auctoris sanctitatem et religionem contemplatus fueris: tunc pietatis speculum: frugalita-
tis exemplar penitentie normam: beate viuendi regulam: ⁊ omnis virtutis ornamenta reperies. Hec com
mentaria quia magni admodum erant voluminis: non facile haberi etiam a cupientibus poterant. Pla-
cuit autem clementissimo deo his nostris temporibus nouam artem docere homines: vt per impressionem
caracterum facillima esset scripto librorum: a deo vt a tribus hominibus solum tres menses laborantibus
per impressionem formata sint horum moralium trecenta volumina: ad que tota eorum vita haud quaquā
sufficeret si digitis ⁊ cum calamo aut penna scribenda forent. Hac ipsa arte cum multa opera hominum
generi vtilia in primis sacra: de hinc philosophorum: poetarum: oratorum: historicorum: gramaticorum: ⁊
iurisconsultorum formata sint: tum etiam nuper hec moralia Gregorij pontificis maximi ⁊ sanctissimi ad
que habenda ⁊ legenda litterarum studiosos: quā maxime possum exortor: ⁊ si quid in me est auctoritatis
etiam admoneo: ne tanta dei beneficentia abutantur: tantam sacrarum scripturarum explanationem par
uifaciant: tantam negligant disciplinam: que in hoc codice possunt paruo precio comparari.

In librū Job a Beato Gregorio edita fuerunt Commentaria hec in triginta et quinq; libros distincta; que Moralia appellantur

Tav. XIV. Inc. 16, c. 1v (scheda 13).

Anchora confesso che uno appetito un poco correcto elquale cerca delli doni didio piacere alli huomini/saccompagna insidiando con la mia prima intentione buona: et con la diricta fede: laquale appetisce solo di piacere a dio. Onde se noi saremo e xaminati nel di del giudicio di queste chose che modo ci sia dessere salui quando el nostro male e pure male: et il nostro bene che noi crediamo chesia bene non puo esse re chosi puro bene: Ma io credo che ad me sia stato di bisogno di scoprire libera/mente a ghiocchi delli miei lectori quello che io riprendo in me medesimo dentro in secreto/monstrando che nella expositione mia io non ho nascosto quello che io ho sentito: et per confessione non ho celato quello che io sobstengo nella conscientia. Per la expositione io manifesto edoni diddio: et per la confessione io scuopro euitii miei Et perche in tanta moltitudine dhuomini non manchera che non ui sia de paruoli/che potranno hauere alcuno buono admaestramento delli miei decti. Et che anchora non ui sieno delli huomini sommi: equali possino hauere misericordia alla mia fra/gilitade/nelluno caso et nellaltro rimediando/offero a paruoli quella cautela et sol/lecitudine chio posso/et dalli perfecti spero dhauere misericordia. A paruoli io ho decto per expositione quello che eglino habbino affare: A perfecti per confessione manifesto quello di che eglino mhabbino ad perdonare. A paruoli non sottraggho la medicina delle parole. Alli perfecti non nascondo lapritura delle mie ferite: Pertanto prieghο chiunque leggiera questa opera/che innanzi al districto giudice egli porghi ad me lo adiutorio della sua oratione: et per lachrime purghi cio che elli truoua di bructura in me. Siche faccendo comparatione dalla uirtu della sua oratione/alla uirtu della mia expositione/el mio lectore nella compensatione della sua cortesia mauanzera/se egli da me riceue parole: et io dallui riceua lachrime per merito.

DEO GRATIAS AMEN

Fine del libro trigesimo quinto: et ultimo de morali di sancto Gregorio Papa et doctore della sancta chiesa sopra la uita di Iob propheta. Impresso nella dignissima cicta di Firenze per Nicholo di Lorenzo della Magna. Nellanno dalla natiuita del Signore. M.CCCC.LXXXVI. Adi. XV. del mese di Giugno.

Papa Gregorio primo/ Secondo la clonica di Vgo monaco del monasterio floracense di Francia: Elquale racconta che il decto papa Gregorio Mori nelli anni di Christo secento quattro/il secondo anno di Foca imperadore: Et doppo lamorte di sancto Benedecto anni sessanta octo/ Adi Dodici di Marzo.

Tav. XV. Inc. 17, c. 263v (scheda 14).

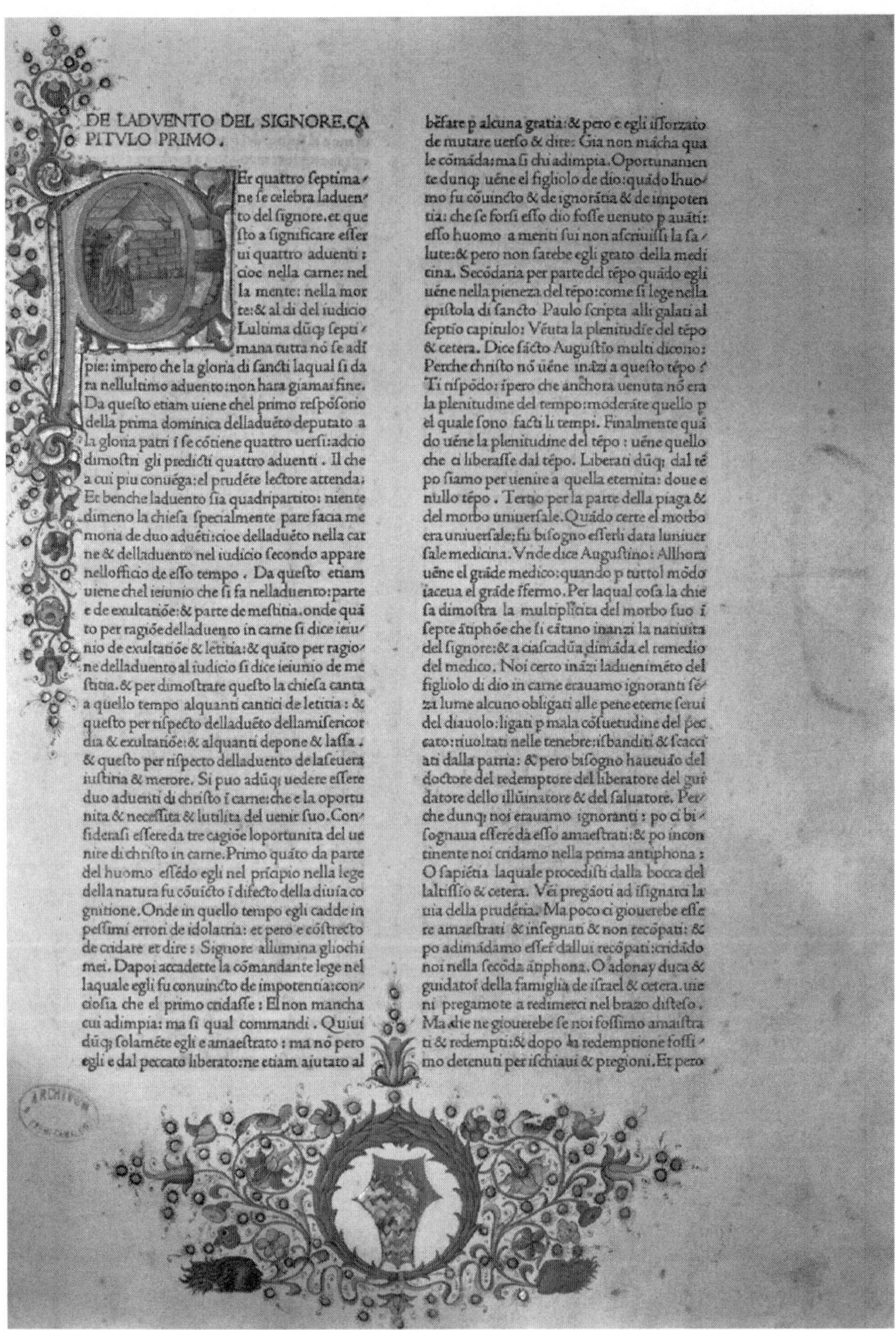

DE LADVENTO DEL SIGNORE. CA
PITVLO PRIMO.

Er quattro ſeptima-
ne ſe celebra laduen-
to del ſignore. et que
ſto a ſignificare eſſer
ui quattro aduenti:
cioe nella carne: nel
la mente: nella mor
te: & al di del iudicio
Lultima dūq; ſepti-
mana tutta nō ſe adī
pie: impero che la gloria di ſancti laqual ſi da
ra nellultimo aduento: non hara giamai fine.
Da queſto etiam uiene chel primo reſpōſorio
della prima dominica delladuēto deputato a
la gloria patri ī ſe cōtiene quattro uerſi: adcio
dimoſtri gli predicti quattro aduenti. Il che
a cui piu conuēga: el prudēte lectore attenda:
Et benche laduento ſia quadripartito: niente
dimeno la chieſa ſpecialmente pare facia me
moria de duo aduēti: cioe delladuēto nella car
ne & delladuento nel iudicio ſecondo appare
nelloffıcio de eſſo tempo. Da queſto etiam
uiene chel ieiunio che ſi fa nelladuento: parte
e de exultatiōe: & parte de meſtitia. onde quā
to per ragiōe delladuento in carne ſi dice ieiunio de exultatiōe & letitia: & quāto per ragio-
ne delladuento al iudicio ſi dice ieiunio de me
ſtitia. & per dimoſtrare queſto la chieſa canta
a quello tempo alquanti cantici de letitia: &
queſto per riſpecto delladuēto dellamiſericor
dia & exultatiōe: & alquanti depone & laſſa.
& queſto per riſpecto delladuento de laſeuera
iuſtitia & merore. Si puo adūq; uedere eſſere
duo aduenti di chriſto ī carne: che e la oportu
nita & neceſſita & lutilita del uenir ſuo. Con-
ſideraſi eſſere da tre cagiōe loportunita del ue
nire di chriſto in carne. Primo quāto da parte
del huomo eſſēdo egli nel prīcipio nella lege
della natura fu cōuicto ī difecto della diuīa co
gnitione. Onde in quello tempo egli cadde in
peſſimi errori de idolatria: et pero e cōſtrecto
de cridare et dire: Signore allumina gliochi
mei. Dapoi accadette la cōmandante lege nel
laquale egli fu conuincto de impotentia: con-
cioſia che el primo cridaſſe: El non mancha
cui adimpia: ma ſi qual commandi. Quiui
dūq; ſolamēte egli e amaeſtrato: ma nō pero
egli e dal peccato liberato: ne etiam aiutato al

bēfare p alcuna gratia: & pero e egli iſforzato
de mutare uerſo & dire: Gia non mācha qua
le cōmāda: ma ſi chi adimpia. Oportunamen
te dunq; uēne el figliolo de dio: quādo lhuo-
mo fu cōuincto & de ignorātia & de impoten
tia: che ſe forſi eſſo dio foſſe uenuto p auāti:
eſſo huomo a meriti ſui non aſcriuiſſi la ſa-
lute: & pero non ſarebe egli grato della medi
cina. Secōdaria per parte del tēpo quādo egli
uēne nella pieneza del tēpo: come ſi lege nella
epiſtola di ſancto Paulo ſcripta alli galati al
ſeptīo capitulo: Vēuta la plenitudīe del tēpo
& cetera. Dice ſācto Auguſtīo multi dicono:
Perche chriſto nō uēne ināzi a queſto tēpo?
Ti riſpōdo: īpero che anchora uenuta nō era
la plenitudine del tempo: moderāte quello p
el quale ſono facti li tempi. Finalmente quā
do uēne la plenitudine del tēpo: uēne quello
che ci liberaſſe dal tēpo. Liberati dūq; dal tē
po ſiamo per uenire a quella eternita: doue e
nullo tēpo. Tertio per la parte della piaga &
del morbo uniuerſale. Quādo certe el morbo
era uniuerſale; fu biſogno eſſerli data luniuer
ſale medicina. Vnde dice Auguſtino: Allhora
uēne el grāde medico: quando p tuttol mōdo
iaceua el grāde īfermo. Per laqual coſa la chie
ſa dimoſtra la multiplicita del morbo ſuo ī
ſepte ātiphōe che ſi cātano inanzi la natiuita
del ſignore: & a ciaſcadūa dimāda el remedio
del medico. Noi certo ināzi laduenimēto del
figliolo di dio in carne erauamo ignoranti ſē-
za lume alcuno obligati alle pene eterne ſerui
del diauolo: ligati p mala cōſuetudine del pec
cato: riuoltati nelle tenebre: iſbanditi & ſcacci
ati dalla patria: & pero biſogno haueuāo del
doctore del redemptore del liberatore del gui
datore dello illūinatore & del ſaluatore. Perche dunq; noi erauamo ignoranti: po ci bi-
ſognaua eſſere da eſſo amaeſtrati: & po incon
tinente noi cridamo nella prima antiphona:
O ſapiētia laquale procediſti dalla bocca del
laltiſſīo & cetera. Vēi pregāoti ad īſignarci la
uia della prudētia. Ma poco ci giouerebe eſſe
re amaeſtrati & inſegnati & non recōpati: &
po adimādamo eſſer dallui recōpati: cridādo
noi nella ſecōda āttiphona. O adonay duca &
guidator della famiglia de iſrael & cetera. uie
ni pregamote a redimerci nel brazo diſteſo.
Ma che ne giouerebe ſe noi foſſimo amaiſtra
ti & redempti: & dopo la redemptione foſſimo detenuti per iſchiaui & pregioni. Et pero

Tav. XVI. Inc. 19, c. 4r (scheda 15).

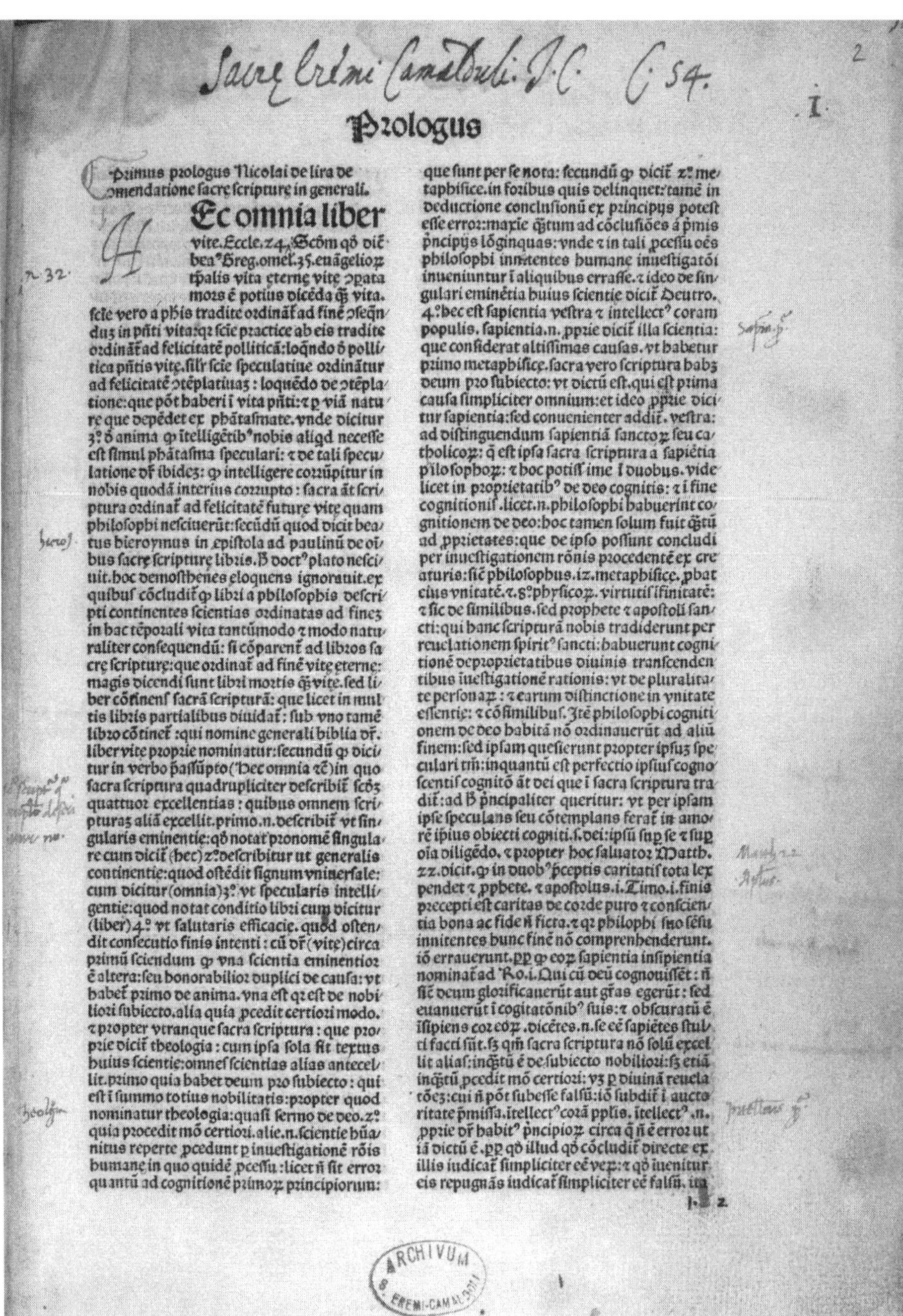
Sacre Eremi Camaldulensis C. 54.

Prologus

Primus prologus Nicolai de lira de commendatione sacre scripture in generali.

Hec omnia liber vite. Eccle. 24.

Tav. XVII. Inc. 20, c. 2r (scheda 16).

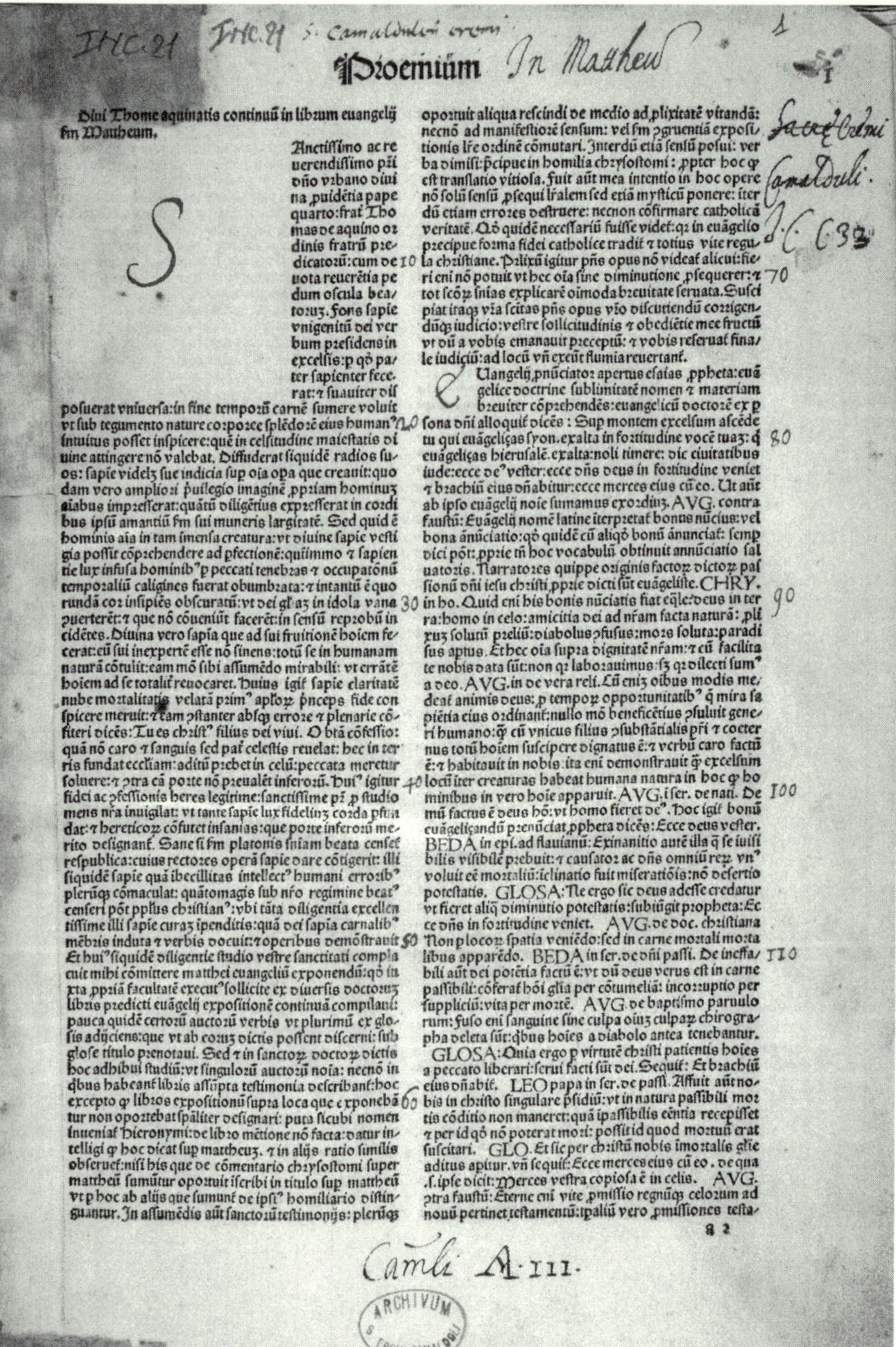

Proemium In Mathew

Diui Thome aquinatis continuū in librum euangelij sm Matheum.

Sanctissimo ac reuerendissimo prī dño vrbano diuina puidētia pape quarto: frat Thomas de aquino ordinis fratrū predicatorū: cum deuota reuerētia pedum oscula beatorū. Fons sapie vnigenitū dei verbum presidens in excelsis: p qd pater sapienter fecerat: 7 suauiter disposuerat vniuersa: in fine tempoꝝ carnē sumere voluit vt sub tegumento nature corporee splēdorē eius humanus intuitus posset inspicere: quē in celsitudine maiestatis diuine attingere nō valebat. Diffuderat siquidē radios suos: sapie videlz sue indicia sup oia opa que creauit: quodam vero amplio:i puilegio imaginē ppriam hominuz aiabus impresserat: quātū diligētius expresserat in cordibus ipsū amantiū sm sui muneris largitatē. Sed quid ē hominis aia in tam imensa creatura: vt diuine sapie vestigia possit cōprehendere ad pfectionē: quinimmo 7 sapientie lux infusa hominib' p peccati tenebras 7 occupatōnū temporaliū caligines fuerat obumbrata: 7 intantū ē quorundā cor insipiēs obscuratū: vt dei glāz in idola vana puerterēt: 7 que nō couenūt facerēt: in sensū reprobū incidētes. Diuina vero sapia que ad sui fruitionē hoiem fecerat: eū sui inexpertē esse nō sinens: totū se in humanam naturā cōtulit: eam mō sibi assumēdo mirabili: vt errātē hoiem ad se totalit reuocaret. Huius igit sapie claritatē nube mortalitatis velatā prim' aplo'ꝝ pnceps fide conspicere meruit: 7 eam ꝯstanter absq errore 7 plenarie cōfiteri dicēs: Tu es christ' filius dei viui. O btā cōfessio: quā nō caro 7 sanguis sed pat celestis reuelat: hec in terris fundat ecclīam: aditū prebet in celū: peccata meretur soluere: 7 ꝯtra cā porte nō preualēt inferoꝝ. Huī' igitur fidei ac ꝯfessionis heres legitime: sanctissime pr̄ p studio mens nra inuigilat: vt tante sapie lux fideliuz corda pfundat: 7 hereticoꝝ cōfutet insanias: que porte inferoꝝ merito designant. Sane si sm platonis sniam beata censet respublica: cuius rectores operā sapie dare cōtigerit: illi siquidē sapie quā ibecillitas intellect' humani erroribus plerūq cōmaculat: quātomagis sub nro regimine beat' censeri pōt ppls christian': vbi tāta diligentia excellentissime illi sapie curaz ipendit: quā dei sapia carnalib' mēbris induta 7 verbis docuit 7 operibus demōstrauit. Et hui' siquidē diligentie studio vestre sanctitati complacuit mihi cōmittere matthei euangeliū exponendū: qd iuxta ppriā facultatē execut' sollicite ex diuersis doctoꝝ libris predicti euāgelij expositionē continuā compilaui: pauca quidē certoꝝ auctoꝝ verbis vt plurimū ex glosis adijciens: que vt ab eoꝝ dictis possent discerni: sub glose titulo prenotaui. Sed 7 in sanctoꝝ doctoꝝ dictis hoc adhibui studiū: vt singuloꝝ auctoꝝ noia: necnō in qbus habeant libris assūpta testimonia describant: hoc excepto q libros expositionū supra loca que exponebā tur non oportebat spāliter designari: puta sicubi nomen inueniat Hieronymi: de libro mētione nō facta: datur intelligi q hoc dicat sup mattheuz. 7 in alijs ratio similis obseruet: nisi his que de cōmentario chrysostomi super mattheū sumūtur oportuit iscribi in titulo sup mattheū vt p hoc ab alijs que sumunt de ipsi' homiliario distinguantur. In assumēdis aūt sanctoꝝ testimonijs: plerūq oportuit aliqua rescindi de medio ad plixitatē vitandā: necnō ad manifestiorē sensum: vel sm ꝯgruentiā expositionis lre ordinē cōmutari. Interdū etiā sensū posui: verba dimisi: pcipue in homilia chrysostomi: ppter hoc q est translatio vitiosa. Fuit aūt mea intentio in hoc opere nō solū sensū psequi lrālem sed etiā mysticū ponere: iterdū etiam errores destruere: necnon cōfirmare catholicā veritatē. Qd quidē necessariū fuisse videt: qz in euāgelio precipue forma fidei catholice tradit 7 totius vite regula christiane. Plixū igitur pñs opus nō videat alicui: fieri eni nō potuit vt hec oia sine diminutione psequerer: 7 tot scōꝝ snias explicarē oimoda breuitate seruata. Suscipiat itaq via scitas pñs opus vro discutiendū corrigendūq iudicio: vestre sollicitudinis 7 obediētie mee fructū vt dū a vobis emanauit preceptū: 7 vobis reseruat finale iudiciū: ad locū vñ exeūt flumia reuertant.

Euangelij pnūciator apertus esaias ppheta: euāgelice doctrine sublimitatē nomen 7 materiam breuiter cōprehendēs: euangelicū doctorē ex psona dñi alloquit dicēs: Sup montem excelsum ascēde tu qui euāgelizas syon. exalta in fortitudine vocē tuaz: q euāgelizas hierusalē. exalta: noli timere: dic ciuitatibus iude: ecce de' vester: ecce dñs deus in fortitudine veniet 7 brachiū eius dñabitur: ecce merces eius cū eo. Ut aūt ab ipso euāgelij noie sumamus exordiūz. AVG. contra faustū: Euāgelij nomē latine iterpretat bonus nūcius: vel bona anūciatio: qd quidē cū aliqd bonū ānunciat: semp dici pōt: pprie tñ hoc vocabulū obtinuit annūciatio saluatoris. Narratores quippe originis factoꝝ dictoꝝ passionū dñi iesu christi pprie dicti sūt euāgeliste. CHRY. in ho. Quid eni his bonis nūciatis fiat eqle: deus in terra: homo in celo: amicitia dei ad nrām facta naturā: pliruz solutū preliū: diabolus ꝯfusus: mors soluta: paradisus aptus. Et hec oia supra dignitatē nrām: 7 eū facilitate nobis data sūt: non qz laborauimus: sz qz dilecti sum' a deo. AVG. in de vera reli. Cū eniz oibus modis medeat animis deus: p tempoꝝ opportunitatib' q mira sapiētia eius ordinant: nullo mō beneficētius ꝯsuluit generi humano: q cū vnicus filius ꝯsubstātialis prī 7 coeternus totū hoiem suscipere dignatus ē: 7 verbū caro factū ē: 7 habitauit in nobis: ita eni demonstrauit q excelsum locū iter creaturas habeat humana natura in hoc q hominibus in vero hoie apparuit. AVG. i ser. de nati. De mū factus ē deus hō: vt homo fieret de'. Hoc igit bonū euāgelizandū prenūciat ppheta dicēs: Ecce deus vester. BEDA in epl. ad flauianū: Exinanitio autē illa q se iuisibilis visibilē prebuit: 7 causator ac dñs omniū reꝝ vn' voluit eē mortaliū: iclinatio fuit miseratiōis: nō defectio potestatis. GLOSA: Ne ergo sic deus adesse credatur vt fieret aliq diminutio potestatis: subiūgit propheta: Ecce dñs in fortitudine veniet. AVG. de doc. christiana Non plocoꝝ spatia veniēdo: sed in carne mortali mortalibus apparēdo. BEDA in ser. de dñi passi. De ineffabili aūt dei potētia factū ē: vt dū deus verus est in carne passibili: cōferat hōi glia per cōtumeliā: incorruptio per supplicū: vita per mortē. AVG. de baptismo paruulorum: Fuso eni sanguine sine culpa oiūz culpaꝝ chirographa deleta sūt: qbus hoies a diabolo antea tenebantur. GLOSA: Quia ergo p virtutē christi patientis hoies a peccato liberari: serui facti sūt dei. Sequit: Et brachiū eius dñabit. LEO papa in ser. de passi. Affuit aūt nobis in christo singulare psidiū: vt in natura passibili mortis cōditio non maneret: quā ipassibilis eētia recepisset 7 per id qd nō poterat mori: posset id quod mortuū erat suscitari. GLO. Et sic per christū nobis imortalis glie aditus apitur. vñ sequit: Ecce merces eius cū eo. de qua s. ipse dicit: Merces vestra copiosa ē in celis. AVG. ꝯtra faustū: Eterne eni vite pmissio regnūq celorum ad nouū pertinet testamentū: tpaliū vero pmissiones testa-

a 2

Tav. XVIII. Inc. 21, c. 1r (scheda 17).

LAVRENTII VALLENSIS IN.XXX.FABVLA
RVM ESOPI E GRECO IN LATINVM SER
monē ad clarissimum uirū Renaldū fonaledæ præfatio.

Romiserā nuperrime tibi coturnices:
quas ipse uenatus essem missurū. Eas
capere: ut homo uenādi insuetus quo
nō possē: ad uenationē meā idest litte
ras me cōuerti. Et forte ad māus uēit li
bellus græcus ex præda nauali tres &
triginta Aesopi fabellas cōtinens. has
omnes bidui labore uenatus sum. Mitto igitur ad te siue
fabellas: siue mauis coturnices: quibus oblectarī te possis:
ac ludere. Etenim si Octauianū: Marcūq; Antoniū orbis
terrarū prīcipes ludo coturnicū delectatos accepius: pfec
to tu uir litterarū amātissimus litterato hoc gñe ludēdi de
lectaberis. Et si qs Octauiāo aut Antōio pugnacē aliq̄ hꝰ gꝰ
auiū dono dedisset: iocundam illis rem gratamq; fecisset.
Ego quoq; tibi iocundus gratusq; ero: q. plus triginta eius
generis aues dono mito pugnaces uictrices: et si forte hoc
te magis iuuat: et pingues. Oblectant enim hæ fabellæ &
alunt: nec minus fructus habent q̄ floris. Sed ne donum
suum laudare insolētis sit: finem faciam. Tu si coturnices
ueras: q̄ has fabellas malis rescribe. Mittā namq; nō mo
do coturnices: sed etiā pdices. Ex urbe Caieta. Kal. Maii.
Mcccc.xxxviii.

De Vulpe & Capro.

Vlpes & caper sitibundi in puteum descēderūt
in quo quom perbibissent: circūspicienti redi
tū Capro Vulpes ait. Bono animo esto Caper.
Excogitaui namq; quo pacto uterque reduces simus. Si
quidē tu eriges te rectum: prioribus pedibus ad parietem

A

Tav. XIX. Inc. 22, c. 1r (scheda 18).

156

principes inita cõiuratione in rebellionẽ pendere. Albricus
enim iã in Romãdiolã se cõtulerat. Anxius igit Iadera Ve
netis uẽdita quoꝝ pluries fuerat: Neapolim rediit. Et reuo-
cato Albrico seueriori usus disciplina: neminẽ in regno esse
ꝑmisit: qui uel regni uel oppidi retinuerit dñatum. Multos
pr̃ia eiecit. Et in Seuerinatũ familiã crudeliter animaduertit
primoribus eius capitali supplicio affectis. Interim nono
Bonifacio uita functo: Innocẽcius septimus suffectus ẽ: Cos
mas Sulmonẽsis antea dictus: q̄ iureiurãdo collegio ꝑmisit
q̄ primũ esset ꝓ unione requisitus põtificatui renũciare. Cui
defuncto suffectus Gregorius. XII. exigente Carraria. Ve
netus eodẽ iuramẽto astrictus est. Sed cũ Innocencius renũ
ciare requisitus noluisset: Gregorius uero expectãda Bñdi
cti renũciatione rem ducere uideret: cõgregatũ apud Pisas
Etruriæ ciuitatẽ nationũ quæ Bonifacio paruerãt conciliũ:
Gregorio & Bñdicto priuatis pontificẽ creauit Petrũ Phi
largi Cretensem ex ordine minoristaꝝ summũ philosophũ
atq; theologũ Romanæ ecclesiæ Cardinalẽ Alexãdrũ quin
tum appellatũ. Cui breui defuncto: Baldazar Cossa Bono
niæ potius dñs q̄ legatus successit: Iohannes. XXIII. appel
latus rerũ gerendarũ expientia magis q̄ uitæ sanctimonia
præditus.

Iadera uendit.

Bonifacio nono: Innocencius. VII. surrogat.

Gregorius. XII.

Conciliũ Pisas.

Alexander. V.

Iohannes. XXIII.

XX. LIBER FINIT FOELICITER.

D.D.L.D.S.P.V. Anno. MCCCCLXXXI.

Tav. XX. Bardi Boccaccini, Inc. 1, c. 156r (scheda 19).

ſtros mollitionum ſuarum pœniteat:ueritatique erubeſcant. Deum uerum & ſolum q potest omnia:credant.timeant. diligant ſequantur : cuius omnia & quæ mala putant bona eſſe didicerunt. Explicui adiuuante christo ſecundum tuum præceptum beatiſſi me pater Augustine ab initio mundi uſque in præſentem diem : hoc eſt per annos.v. .M.dc.xviii.punitiones & cupiditates hominum peccatorum:conflictationes ſæculi & iudicia dei:q̄ breuiſſime & q̄ ſimpliciſſime potui:chriſtianis tamen temporibus pro pter præſentem magis chriſti gratiam ab illa incredulitatis confuſione diſcretis. Ita iam ego certo & ſolo quem concupiſcere debui:obedientiæ meæ fructu fruor. de qua litate autem opuſculorum tu uideris:qui præcepiſti:tibi adiudicanda:ſi edas:per te iu dicata:ſi deleas.

Vtriſ e titulus margine in primo docet.
Oroſio nomen mihi eſt.
Librariorum quicquid erroris fuit.
Exemit Aeneas mihi.
Q uod ſi ſitum orbis:ſique noſtra ad tempora.
Ab orbis ipſa origine.
Q uiſq̄ tumultus:bellaque:& cædes uelit.
Cladeſque noſſe:me legat.

Pauli Oroſii uiri clariſſimi Ad Aurelium Auguſtinum epiſcopum & doctorem eximiũ libri ſeptimi ac ultimi Finis. Impreſſi Venetiis:opera & expenſis Octauiani ſcoti Modoetienſis. Anno ab incarnatione domini. M.cccc.lxxxiii. Tertio Kalendas ſextilis. Ioanne Mocenico inclito Venetiarum duce.

REGISTRVM.

a	Vacat	Pauli oroſii	regionibus	ſagetas &
b	qualiter homines	Pelopõnenſium clades	nienſes tanta	
c	oriente ſole	inſtructam	tem occurreret	
d	oriens diem	hoſtem de	Sufficerent iſta	
e	certamine:q̄tæ	quantus e diuerſo	gunt qui miſeri	
f	Namq̧ in piceno	plemento exercitus	cio dimiſit	
g	aliquanta iam	da erat:	portis eruperunt	
h	perficeretur:	Tandemque	licitate geſſerunt	
i	riſque contulerat	mentum reliquit	imperfecta circundant	
k	magna ibi	tius atq̧ effrenatius	piis ad cæſaris	
l	runt ſæcula	uectis ab ægypto	diit. Nanque ut	
m	driam cœpit	habuit ſciniſices	exitiale plurimis	
n	pinare deuouerat	pia pompa		

Finis

Tav. XXI. Bardi Boccaccini, Inc. 2, c. 77r (scheda 20).

LIBER SEPTIMVS

ſtros mollitionũ ſuarum pœniteat:ueritatiq; erubeſcant. Deum uerum & ſolum qui poteſt omnia: credant: timeant: diligãt ſequantur: cuius omnia & quæ mala putant bona eſſe didicerunt. Explicui adiuuante chriſto ſecũdum tuum præceptum beatiſſime pater Auguſtine ab initio mundi uſq; in præſentem diem: hoc eſt per annos. v. M. dc. xviii. punitiones & cupiditates hominum peccatorum: conflictationes ſæculi & iudicia dei: q̃breuiſſime & q̃ ſimpliciſſime potui: chriſtianis tamen temporibus propter præſentem magis chriſti gratiã ab illa incredulitatis confuſione diſcretis. Ita iam ego certo & ſolo quem cõcupiſcere debui: obedientiæ meæ fructu fruor: de qualitate autem opuſculorum tu uideris: qui præcepiſti: tibi adiudicanda: ſi edas: per te iudicata: ſi deleas.

Vt ipſe titulus margine in primo docet.
Oroſio nomen mihi eſt.
Librariorum quicquid erroris fuit.
Exemit Aeneas mihi.
Quod ſi ſitum orbis: ſiq; noſtra ad tempora.
Ab orbis ipſa origine.
Quiſq̃ tumultus: bellaq;: & cædes uelit.
Cladeſq; noſſe: me legat.

Pauli Oroſii uiri clariſſimi Ad Aurelium Auguſtinum epiſcopum & doctorem eximium Libri ſeptimi ac ultimi Finis. Impreſſi Venetiis: opera & expenſis Bernardini Veneti de Vitalibus. Anno ab incarnatione domini. M. CCCCC. Die. XII. Menſis Octobris. Regnãte Domino Auguſtino Barbadico.

Regiſtrum

Omnes ſunt terni præter n qui eſt quaternus.

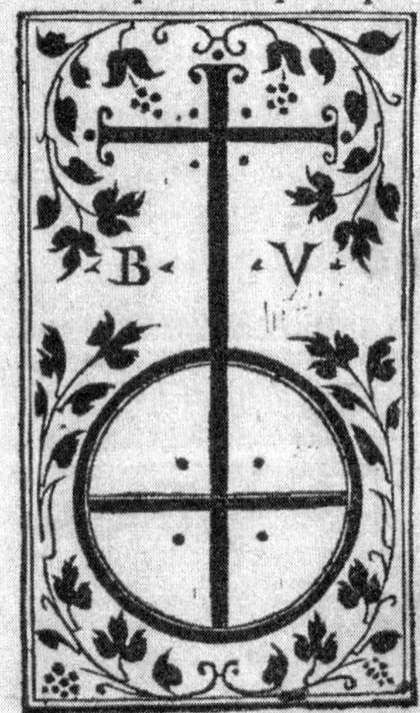

Tav. XXII. Bardi Boccaccini, 306, c. 124r (scheda 21).

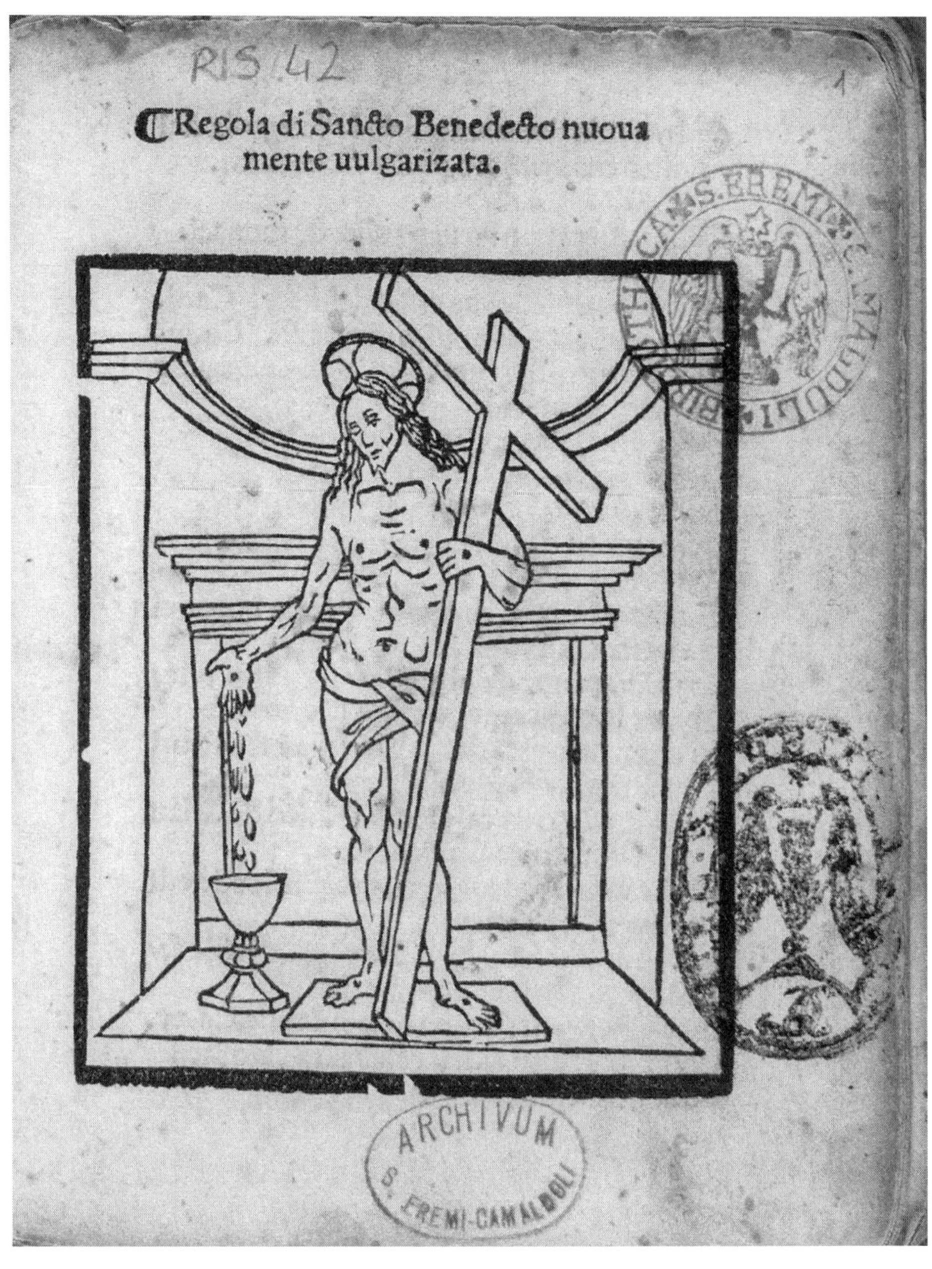
¶ Regola di Sancto Benedecto nuoua mente uulgarizata.

Tav. XXIII. ED. XVI. 38, c. 1r (scheda 22).

Finito di stampare
nel mese di dicembre 2024
da The Factory s.r.l.
Roma